AF455960

TRAITÉ PRATIQUE

DES

RADIATIONS HYPOTHÉCAIRES

PAR

M. A. PRIMOT

DOCTEUR EN DROIT

VÉRIFICATEUR DE L'ENREGISTREMENT ET DES DOMAINES A PARIS

DEUXIÈME ÉDITION

CONFORME A LA PREMIÈRE

PARIS

IMPRIMERIE ET LIBRAIRIE GÉNÉRALE DE JURISPRUDENCE

MARCHAL ET BILLARD

IMPRIMEURS-ÉDITEURS, LIBRAIRES DE LA COUR DE CASSATION

27, Place Dauphine, 27

1889

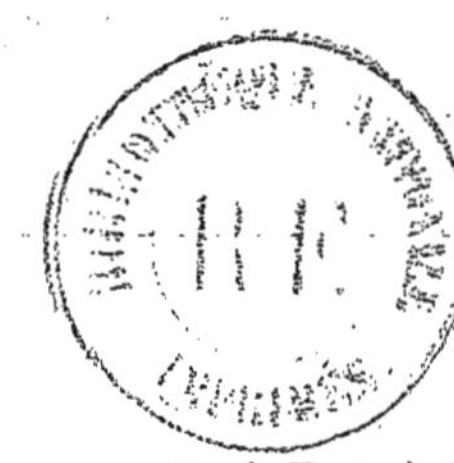

TRAITÉ PRATIQUE

DES

RADIATIONS HYPOTHÉCAIRES

PARIS. — IMPRIMERIE L. BAUDOIN ET Cie, 2, RUE CHRISTINE.

TRAITÉ PRATIQUE

DES

RADIATIONS HYPOTHÉCAIRES

PAR

M. A. PRIMOT

DOCTEUR EN DROIT

VÉRIFICATEUR DE L'ENREGISTREMENT ET DES DOMAINES A PARIS

DEUXIÈME ÉDITION

CONFORME A LA PREMIÈRE

PARIS

IMPRIMERIE ET LIBRAIRIE GÉNÉRALE DE JURISPRUDENCE

MARCHAL ET BILLARD

IMPRIMEURS-ÉDITEURS, LIBRAIRES DE LA COUR DE CASSATION

27, Place Dauphine, 27

—

1889

TRAITÉ PRATIQUE

DES

RADIATIONS HYPOTHÉCAIRES

RÈGLES GÉNÉRALES

1. — L'inscription est le signe visible du droit hypothécaire, et elle est en même temps la condition indispensable de son efficacité. Radier une inscription, c'est donc faire disparaître le signe de ce droit hypothécaire, c'est en même temps rendre ce droit inefficace au regard des tiers.

2. — La radiation s'opère, non par la rature matérielle du texte de l'inscription, mais par une mention marginale signée du conservateur. La radiation peut n'être que partielle. Elle s'opère de la même manière par une mention indiquant dans quelles limites, c'est-à-dire pour quels biens et jusqu'à concurrence de quelle somme l'inscription se trouve annulée.

3. — La radiation a lieu soit en vertu du consentement des parties intéressées et ayant capacité à cet effet, soit en vertu d'un jugement en dernier ressort ou passé en force de chose jugée (C. civ., art. 2157). Le consentement à radiation prend, dans la pratique, le nom de mainlevée.

4. — Comme on peut déjà s'en apercevoir par ce qui précède, la mainlevée est le fait générateur de la radiation. C'est en quelque sorte l'ordre donné au conservateur de rayer l'inscription. Elle est généralement une conséquence de la renonciation du créancier au droit hypothécaire.

Toutefois, elle n'emporte pas par elle-même cette renonciation. Car il peut arriver que le créancier renonce à son inscription et consente à ce que cette inscription soit radiée, sans pour cela renoncer à son droit d'hypothèque. C'est là une question d'intention dont l'interprétation appartient aux tribunaux, et qui est dominée par ce principe général que nul ne doit être légèrement présumé renoncer à ses droits (1).

A plus forte raison, la mainlevée ne peut être considérée comme une preuve de l'extinction de la dette. Elle pourrait seulement, selon les circonstances, servir de commencement de preuve par écrit (C. civ., 1347) (2).

5. — La mainlevée est un acte unilatéral, et par conséquent n'a pas besoin d'être acceptée par le débiteur pour produire tous ses effets (3). Les effets en sont acquis irrévocablement, dès le jour où elle est consentie, aux tiers qui se sont fait inscrire postérieurement, encore bien que celui de qui elle émane ait déclaré depuis vouloir la révoquer. Il en résulte que si la mainlevée est révoquée avant que la radiation ait été effectuée, cette révocation ne peut être opposée aux tiers qui se sont fait inscrire dans l'intervalle de la mainlevée à la révocation (4).

---

(1) Voy. Cass., 2 mars 1830; S.-V., 30.1.342; *J.C.*, 1133, 1750.

(2) Cass., 17 juill. 1820; *J.N.*, 3816; Paris, 16 août 1838; *J.N.*, 10170.

(3) Cass., 4 janv. 1831, *S.*, 31.1.126; Agen, 19 mai 1836; Dall., 36.2.114; *J.N.* 9379; Troplong, 3.738; Dalloz, *J.G.*, 2720; Pont., 1073. — Voy. aussi Cass., 1er déc. 1852, *J.C.*, 1047; 29 janv. 1855, *J.E.*, 16126; 1er juill. 1857; *J.C.*, 1388. — Conf. Cass., 20 juin 1859; *J.C.*, 1560.

(4) Il ne semble pas toutefois que la mainlevée produise des effets aussi absolus que la radiation. M. Boulanger formule la règle de la manière suivante : « La mainlevée a par elle-même son efficacité entière, et, ayant que le conservateur ait rayé l'inscription, l'immeuble en est juridiquement déchargé. Toutefois, jusqu'à la radiation, le créancier a le droit de révoquer son consentement, sans que cette rétractation soit opposable aux tiers qui se sont inscrits, *sur ces entrefaites*, avant la notification régulière de l'acte au conservateur. » (*Traité des radiations*, n° 10). Quant aux tiers inscrits déjà avant la mainlevée et qui pourraient s'en prévaloir pour arriver à un rang meilleur dans l'ordre des inscrip-

6. — Le rétablissement d'une inscription rayée en vertu d'un faux acte de mainlevée ne peut préjudicier aux créanciers qui ont pris inscription depuis la radiation et avant le rétablissement de cette inscription (1).

7. — La mainlevée peut être soumise à une condition, soit suspensive, soit résolutoire. Quoi qu'il en soit, le conservateur ne doit rayer complétement l'inscription que si on lui présente une mainlevée pure et simple ou un jugement définitif qui le lui ordonne (2).

8. — Le conservateur est l'agent chargé par la loi de présider à l'accomplissement des formalités hypothécaires. Il a mission notamment, en ce qui concerne les radiations d'inscriptions, pour exécuter les ordres qui lui sont donnés par les parties. Mais son rôle n'est pas purement passif. L'article 2157, C. civ., porte que les inscriptions sont rayées du consentement des parties intéressées *et ayant capacité à cet effet*. D'autre part, l'art. 2197 déclare le conservateur responsable du défaut de mention dans les certificats d'une ou plusieurs inscriptions existantes. Enfin, les principes généraux inscrits dans les art. 1383 et 1384 du même Code conduisent à décider qu'il doit réparation de toutes les fautes commises dans l'exercice de ses fonctions et qui ont pu porter préjudice aux parties. Si ensuite on réfléchit que la radiation est un fait irréparable, contre les effets duquel les parties intéressées ne peuvent pas se faire restituer au préjudice des tiers qui ont traité avec le débiteur sur la foi de cette radia-

---

tions, la révocation leur est opposable, en ce sens qu'ils se trouvent replacés par elle dans la même position qu'avant la mainlevée.

(1) Cass., 9 déc. 1846, S.-V., 47.1.827; D.P., 47.1.298; *J.P.*, 47.1.129; *J. des Conserv.*, art. 335.

(2) Aix, 9 fév. 1836; D., *J.G.*, v° *Hyp.*, 2752.3. Ce n'est pas au conservateur qu'il appartient d'apprécier si la condition prévue dans la mainlevée s'est réalisée. Tant qu'on ne lui rapporte pas un consentement pur et simple à la radiation, il doit refuser de rayer (Seine, 21 août 1838. *J.E.* 12149.)

tion, on comprendra aisément qu'il est du devoir du conservateur, avant d'opérer une radiation qui doit ruiner complètement la garantie du propriétaire de l'inscription, de s'assurer que celui qui donne l'ordre de rayer a la capacité nécessaire pour donner cet ordre et par là disposer de l'inscription (1).

Ayant le devoir de s'assurer de la capacité de la personne qui consent la radiation, il en a par là même le droit, et il est par conséquent fondé à refuser d'obtempérer à la réquisition des parties, toutes les fois qu'il existe un doute sérieux sur leur capacité. En pareil cas, son refus, quelle que soit la décision du tribunal à cet égard, ne saurait entraîner contre lui une condamnation à des dommages-intérêts (2).

9. — De ce qui précède, il résulte que le conservateur doit s'assurer : 1° Que la partie intéressée a donné son consentement dans la forme prescrite par la loi; 2° qu'elle avait pleine capacité à cet effet.

Ceux qui requièrent la radiation doivent, en conséquence, déposer au conservateur : 1° Une expédition de l'acte authentique de mainlevée ou du jugement (art. 2158, C. civ.); 2° les expéditions de tous les actes nécessaires pour établir la capacité du requérant.

10. — La mainlevée doit être passée en la forme authentique, à peine de nullité (3), et il doit en rester minute. Les

---

(1) Boulanger, *Traité des rad.*, n° 19.

(2) Cass., 9 juin 1841 ; S.-V., 41.1.468; C. de Caen, 31 déc. 1860; *J.C.*, art. 1705. — Si une opposition à la radiation est signifiée au conservateur, il doit, tant qu'elle existe, s'abstenir de rayer. Il n'est pas juge, en pareil cas, de la validité de l'opposition. Il n'appartient qu'aux tribunaux de trancher le litige entre l'opposant et la personne qui requiert la radiation (*Résumé de jurisprudence*, Hervieu; *Radiation*, § 1, n° 9).

(3) C. Toulouse, 16 juill. 1818; Dall. 2704, § 1. — Il n'est pas admis d'équipollents, tels qu'un acte sous seing privé reconnu par acte authentique ou déposé chez un notaire (Boulanger, n° 23; Dalloz, n° 2703; *Contrà*, Lyon, 29 déc. 1827; D.P. 28.2.105; *J.C.*, 2769).

conservateurs ont le droit de refuser des consentements donnés en brevet (1). Il en est autrement des pièces justificatives à joindre à la mainlevée, ces actes peuvent être délivrés en brevet (2). Les expéditions des actes nécessaires à la mainlevée peuvent être délivrées par extrait. Mais les extraits doivent être des extraits littéraux, et non des extraits analytiques, et le notaire ou le greffier doit en outre certifier, sous sa responsabilité, que l'extrait présente tout ce qui a rapport à la radiation, et que l'acte ou le jugement ne contient ni réserve, ni restriction ou modification (3).

Il ne suffit pas que les actes qui doivent accompagner la mainlevée pour établir la capacité du requérant soient produits au conservateur. Celui-ci peut et doit exiger que les expéditions ou les extraits littéraux de ces actes soient remis entre ses mains en même temps que l'acte de mainlevée (4). Il ne suffirait pas de déclarer en marge de l'expédition de ce dernier acte qu'on se réfère à des pièces déposées par le requérant à l'appui d'une demande en radiation antérieure. En effet, il est possible que depuis cette radiation, consentie par exemple par des légataires ou par des héritiers, il se soit présenté d'autres ayants droit. Dans cette hypothèse, il est évident que l'acte de notoriété produit à l'appui de la

---

(1) Voy. cependant C. de Grenoble, 23 juin 1836, et Cass., 18 juill. 1838; *J. du Pal.*, 1838.2.491; Dall., *J.G.*, 2722, n° 3.

(2) Boulanger, n° 27.

(3) *Inst. gén.*, n° 1566; *J.E.*, 12232 et 12333; conf. *J.N.*, 134.9418.10102; D.N., v° *Mainlevée*, 125; Pont, 1099; Baudot, 836; Persil, 2158, § 3. — Il a été jugé, contrairement à cette opinion, que le conservateur est fondé à exiger une expédition entière des actes et jugements, qui deviennent eux-mêmes les annexes nécessaires et indispensables de l'acte authentique portant consentement à radiation (C. Paris, 17 août 1843; Cass., 18 mai 1852; S.-V., 43.2.534; 52.1.634; *J.C.*, 806.1511.1590).

(4) C. Paris, 17 août 1843, S.-V., 43.2.534; *J.E.*, 2291.13349; *J.C.*, 2925. — Les actes passés à l'étranger et produits à l'appui d'une demande en radiation doivent être préalablement enregistrés (C. Lunéville, 11 mars 1874, *J.C.* 2919).

première radiation ne couvrirait plus la responsabilité du conservateur (1).

11. — La mainlevée doit spécifier l'inscription qu'il s'agit de rayer, par l'indication de la date où elle a été prise, et du volume et du numéro où elle a été inscrite (2).

12. — L'acte qui ne contient pas, d'une manière expresse, mainlevée de l'inscription est insuffisant pour opérer la radiation. Pour contraindre le conservateur à cet acte matériel, il ne suffit pas de lui rapporter la preuve que l'hypothèque est éteinte (3).

---

(1) *J.C.* 1499.2815; *Contrà*, Boulanger, n° 32; C. d'Alger, 4 nov. 1873; *J.C.*, 2926.

(2) Le conservateur devrait néanmoins obéir à une mainlevée générale donnée par un débiteur, pour toutes les inscriptions prises sur ses biens (*J.E.*, 12843, n° 3).

(3) C. Lyon, 13 avril 1832; S.-V. 11.1.150; 33.2.393; Saint-Jean-d'Angély, 20 août 1857; *J.C.*, 1317.1590.1617. — Ainsi, lorsque l'inscription prise par un créancier non colloqué à l'ordre ouvert sur son débiteur a été renouvelée avant l'ordonnance du juge-commissaire qui en a fait la mainlevée, le conservateur n'a pas qualité pour rayer l'inscription prise en renouvellement, quelle que soit d'ailleurs la valeur de cette dernière inscription. L'opinion contraire, émise par M. Baudot, est manifestement erronée (n° 876). Voy. *Résumé de jurisprudence*, Hervieu, *Radiation*, § 1, n° 13. — Mais le conservateur doit obéir et rayer l'inscription, dès l'instant que la mainlevée ne contient aucune réserve. M. Baudot, *Traité des formalités hypothécaires*, art. 891, prétend que, si la quittance du créancier n'exprime pas en même temps la libération des intérêts, ou s'il n'est pas expressément déclaré que la mainlevée est donnée sans réserve, la radiation ne peut avoir lieu que pour le capital. Pour prouver combien est hasardée l'opinion de cet auteur, il suffit de consulter l'art. 2180 du C. civ. D'après cet article, les priviléges s'éteignent : 1° par l'extinction de l'obligation principale; 2° par la renonciation du créancier à l'hypothèque ou au privilége. Or, dans notre espèce, il y a extinction de la dette et désistement d'hypothèque par la mainlevée définitive de l'inscription. Quant aux intérêts, ils sont présumés avoir été payés. En effet, d'après l'art. 1908, C. civ. : « la quittance du capital, donnée sans réserve des intérêts, en fait présumer le paiement et en opère la libération. »

Il faut donc reconnaître que le conservateur des hypothèques doit rayer définitivement l'inscription, lorsque l'acte qui en fait mainlevée constate le paiement du capital sans réserve des intérêts (*J.C.*, 462).

13. — Le Code civil vise deux espèces de radiations : les radiations volontaires, qui sont opérées du consentement des créanciers (art. 2157), et les radiations judiciaires, qui sont ordonnées par les tribunaux quand le créancier ne veut pas donner mainlevée, alors même que les causes de l'inscription ne subsistent plus (art. 2160).

PREMIÈRE PARTIE

DE LA RADIATION VOLONTAIRE

CHAPITRE Ier.

ABSENT (1).

14. — On entend par absence l'état d'une personne qui a disparu de sa résidence et dont on n'a point de nouvelles. Cet état comprend trois périodes : la première, pendant laquelle la personne disparue est *présumée absente*, commence au jour du départ et se prolonge pendant cinq années, si l'absent n'a pas laissé de mandataire, et pendant dix années s'il en a laissé un. Pendant ce temps, c'est un administrateur nommé par le tribunal qui pourvoit à l'administration des biens de l'absent (C. civ., 112 à 114). Cet administrateur ayant qualité pour recouvrer les créances dues à l'absent a, par là même, qualité pour donner mainlevée aux débiteurs (2). Mais il ne pourrait donner mainlevée sans paiement.

15. — La seconde période commence au jugement qui déclare l'absence et envoie les héritiers présomptifs en *possession provisoire*. Cette possession, aux termes de la loi, a le caractère d'un simple dépôt, qui confère aux envoyés en possession l'administration des biens de l'absent, à charge de rendre compte à ce dernier, s'il reparaît (C. civ., 125).

(1) *J.C.*, 2553.
(2) Bruxelles, 3 fév. 1826 ; Cass., 6 nov. 1828.

Il en résulte que s'ils peuvent consentir une mainlevée, qui est la conséquence d'un paiement, ils n'ont pas la capacité voulue pour renoncer gratuitement et sans paiement aux garanties hypothécaires stipulées par l'absent (1).

16. — A partir de l'envoi en possession définitive, qui est la troisième période de l'absence, les envoyés sont considérés comme propriétaires des biens de l'absent, et par conséquent ont sur les hypothèques tous les droits de disposition qui appartiennent au propriétaire de la créance. Il suit de là qu'ils peuvent consentir une mainlevée avec ou sans paiement (2).

17. — Ceux qui requièrent la radiation doivent justifier des titres sur lesquels se fonde leur capacité. Par conséquent, l'administrateur nommé par le tribunal doit déposer au conservateur l'expédition du jugement qui l'a nommé, les envoyés doivent déposer l'expédition du jugement d'envoi en possession provisoire ou définitive. L'administrateur et les envoyés en possession provisoire doivent, en outre, déposer un extrait de la quittance.

CHAPITRE II.

ADMINISTRATEUR.

18. — Il y a deux espèces d'administrateurs : 1° les administrateurs légaux, dont les droits et les pouvoirs sont dé-

---

(1) Aux termes de l'art. 126, les envoyés en possession ne peuvent toucher les capitaux qu'à charge d'en faire emploi. Mais cette condition n'a pas pour effet de soumettre la régularité du paiement à la preuve de l'emploi, l'absence d'emploi rendant seulement les envoyés en possession comptables des intérêts des sommes touchées (Delvincourt, t. I, p. 100; Toullier, 1.428; Duranton, n° 479).

(2) Grenier, n° 523, Duranton, t. XXIX, n°s 349 et 351.

terminés par la loi : tels sont les tuteurs des mineurs ou des interdits, le mari, le grevé de substitution, l'héritier bénéficiaire, etc. ; 2° les administrateurs judiciaires, qui puisent leurs titres et leur pouvoir dans le jugement qui les a nommés ; tel est en particulier l'administrateur provisoire, nommé à l'aliéné non interdit, conformément à la loi du 30 juin 1838 (1).

En général, ces derniers peuvent libérer les débiteurs, et par conséquent donner mainlevée des inscriptions acquises à ceux qu'ils représentent. Mais ils ne le peuvent en aucun cas, sans justifier du paiement de la créance garantie par l'inscription, à moins que par exception le titre qui les a nommés ne leur ait conféré un pouvoir spécial à cet effet (2).

CHAPITRE III.

DE LA CESSION.

19. — Le cessionnaire d'une créance est le représentant du créancier à l'effet de suivre le recouvrement de la dette : *procurator in rem suam*. Il suit de là qu'il a qualité pour donner mainlevée de l'inscription prise pour sûreté de la créance cédée.

Toutefois, si l'inscription a été prise au nom du cédant, il est nécessaire que le cessionnaire justifie au conservateur de son droit à la créance. Il le fera en déposant l'expédition de l'acte *authentique* de cession (3).

Mais, si le cessionnaire a fait inscrire son transport au-

(1) Voy. Boulanger, n° 43.

(2) Pont, n° 1078 et 1079 ; *J.C.*, 1501.2471.2490.2605. — Les administrateurs qui requièrent une radiation doivent joindre à la mainlevée et à la quittance une expédition du titre ou du jugement qui les a nommés (Cass., 13 mai 1852 ; *J.C.*, 806.1872).

(3) La loi exige que le consentement à mainlevée soit donné par acte authen-

thentique, en marge de l'inscription, le conservateur se trouvant légalement averti de l'existence de la cession, il suffira, pour opérer la radiation, du consentement dudit cessionnaire.

20. — Si l'inscription a été prise directement par le cessionnaire et en son nom, la radiation pourra être opérée sur le seul consentement de ce dernier, sans qu'il soit obligé de rapporter le consentement soit du cédant, soit des subrogés postérieurs (1). Mais si l'inscription avait été prise par le cessionnaire, tant au nom du cédant qu'en son propre

---

tique. Il a été décidé que le mandat conféré par le créancier à l'effet de consentir la mainlevée devait également résulter d'un acte authentique (Boulanger, n° 24; Cass., 21 juill. 1830; C. Lyon, 29 déc. 1827; S.-V., 28.2.287; Paris, 17 août 1843; *J.E.*, 13349; *J.P.*, 1843.2.699). — Or, la cession d'une créance contient implicitement un pouvoir au cessionnaire à l'effet de donner mainlevée. Pour qu'elle soit efficace et que le conservateur soit tenu d'y obéir, il faut donc que cette cession soit réalisée dans la forme authentique (Boulanger, n° 46 *bis*; C. Lyon, 29 déc. 1827; conf. *J.C.*, n°s 52.90.907.1772; Bayeux, 20 nov. 1851, *J.C.*, 783).

(1) Il en est ainsi, alors même que la cession aurait été réalisée par acte sous seing privé. L'inscription a pu, en effet, être formalisée en vertu du titre primitif qui est authentique, et, comme le cessionnaire est saisi au regard du cédant par le seul consentement, en dehors des formalités prescrites par l'art. 1690, C. civ., il en résulte qu'il a pu valablement prendre l'inscription en son nom. (Conf. Delvincourt, 3, p. 166; Duranton, t. XX, 93; Troplong, 1, n°s 364.365; Rennes, 7 mars 1820; Cass., 25 mars 1816; *J.N.* 1851; Req., 16 nov. 1840; Dall., 1499, *J.G.*).

La Cour de cassation a décidé, par arrêts des 25 mars 1816 et 11 août 1819, que le cessionnaire ou tout autre devenu propriétaire de la créance hypothécaire, même par *acte sous signature privée*, n'est pas tenu, pour renouveler *en son nom* l'inscription prise par le créancier originaire, de rappeler dans son inscription sa qualité de cessionnaire, ou toute autre, en vertu de laquelle la créance a passé sur la tête de l'inscrivant. Si le nouveau créancier est dispensé de faire connaître la substitution opérée en sa faveur, en vertu d'un acte sous seing privé, il paraît incontestable que, s'il énonce son titre, l'inscription ne lui profite pas moins. Dès lors, nous ne pensons pas que le conservateur puisse refuser la radiation de l'inscription prise au profit d'un cessionnaire, sous prétexte que l'acte en vertu duquel il exerce les droits du cédant n'a pas le caractère d'authenticité, alors que le consentement à radiation est donné par celui qui a requis l'inscription (*J.C.*, 909).

nom, il faudrait, pour obtenir la radiation, rapporter le consentement du cédant ou un acte authentique de cession.

21. Lorsqu'un créancier, par actes passés le même jour ou à plusieurs dates, a transporté sa créance à plusieurs, agissant chacun pour leur compte personnel, et que, postérieurement ils donnent, par actes séparés, mainlevée de l'inscription, le conservateur, dans le cas où toutes les mainlevées seraient déposées simultanément, doit faire autant de radiations qu'il y a de cessionnaires. En effet, les cessionnaires n'ont de commun que le gage hypothécaire; leurs intérêts sont distincts et séparés, quant à la dette. Chacun d'eux a un droit personnel et exclusif : en ce sens que le premier subrogé est préférable au second, et ainsi de suite, et que le débiteur ne se libère valablement qu'en suivant l'ordre et le rang des cessions. On peut donc soutenir que, par la substitution de plusieurs créanciers à un seul, l'inscription s'est subdivisée en autant de droits hypothécaires que de subrogés, ou, pour mieux dire, en autant d'inscriptions qu'il y a de cessionnaires (*J.C.*, 177 et 327).

22. — Le cessionnaire ne peut à lui seul consentir la mainlevée, qu'autant que le cédant se trouve dessaisi de tous droits à la créance garantie par l'inscription (1).

(1) C'est ainsi que le cessionnaire d'une créance, due solidairement par plusieurs débiteurs, est sans qualité pour consentir, à l'égard de tous, la radiation de l'inscription prise contre tous les débiteurs, alors que l'acte de transport ne lui donne comme débiteur que l'un des obligés (*J.C.*, 1841). — De même, lorsque le créancier a consenti, en faveur d'un tiers, *toute priorité d'hypothèque*, la radiation ne peut être opérée que sur le consentement tout à la fois du cédant et du cessionnaire (Voy. Boulanger, n° 51; Bordeaux, 12 mai 1841; *J.P.*, 41.2.523; *J.C.*, 275). — Lorsqu'un créancier cède à un tiers partie de sa créance, sous la condition que la portion cédée sera remboursée avant celle restant due au cédant, et qu'en outre le cessionnaire a été subrogé dans l'inscription prise contre le débiteur, avec toute préférence; si le débiteur vient à payer la portion de la dette revenant au cédant avant celle due au cessionnaire, le

23. — Tous les principes qui précèdent sont applicables à la subrogation conventionnelle ou légale des art. 1250 et 1251 du C. civ. La subrogation produit en effet, sur l'hypothèque, les mêmes effets que la cession. Le subrogé devra donc faire, pour obtenir la radiation, les mêmes justifications que le cessionnaire (1).

24. — La règle d'après laquelle le cessionnaire doit déposer au conservateur, pour obtenir la radiation, l'expédition de son acte de cession, reçoit exception en matière d'ordre. Si le cessionnaire a été colloqué par le juge, il n'appartient pas au conservateur de se faire justifier des titres en vertu desquels celui-ci a été admis dans l'ordre au lieu et place du créancier primitif. La radiation sera donc valablement effectuée sur la simple quittance du cessionnaire, contenant son consentement à la radiation (C. proc., art. 771) (2).

25. — Il y a deux sortes de délégations : la délégation imparfaite et la délégation parfaite. Le délégataire est un créancier qui reçoit de son débiteur pour son paiement une

---

conservateur ne peut, sans le consentement de ce dernier, rayer l'inscription en ce qui concerne le remboursement fait au cédant ; autrement, il expose sa responsabilité pour le cas où l'immeuble hypothéqué viendrait à dépérir (*J.C.*, art. 1214).

(1) Bien que l'acquéreur qui emploie le prix de son acquisition au paiement des créanciers auxquels l'immeuble était hypothéqué soit subrogé de plein droit à ces créanciers, aux termes de l'art. 1251, n° 2, C. civ., il a été jugé néanmoins qu'il n'avait qualité, pour donner mainlevée, qu'autant qu'il s'était réservé expressément cette subrogation (Cass., 15 janv. 1833, 21 déc. 1836 ; Caen, 8 juin 1847 ; S., 33.1.91 ; 37.1.54 ; D.-P., 37.1.164 ; *J.Pal.*, 37.1.132. — Voy. *Diss.*, M. Carette, *J.C.*, 905 ; conf. *J.C.*, n°s 639, 940, 991 ; *Rés. de jur.*, Hervieu, *Radiation*, § 2, n° 16). — Lorsque la subrogation, dans une inscription, a été mentionnée en marge de cette inscription, le conservateur ne peut, sans le consentement du créancier subrogé, rayer l'inscription, même partiellement, sur la production de la mainlevée donnée par le cédant avant la subrogation (*J.C.*, 929).

(2) *J.C.*, 424. (Voy. *Rés. de Jur.*, Hervieu, *Radiation*, § 2, n° 5).

créance de celui-ci contre un tiers. Si, moyennant cette sorte de cession, le délégataire, acceptant le tiers pour son propre débiteur, décharge expressément le déléguant de son obligation, la délégation est parfaite. Les deux dettes du déléguant envers le délégataire et du délégué envers le déléguant se trouvent remplacées par une dette nouvelle du délégué envers le délégataire. Il en résulte qu'en principe, toutes les hypothèques qui accompagnaient la première dette s'évanouissent de plein droit, et que le créancier délégataire ne peut pas réclamer le bénéfice de l'inscription prise au profit du déléguant. Il suffira toutefois, pour conserver les inscriptions garantissant la première dette, de faire à cet effet une réserve expresse (C. civ., 1278). Alors le délégataire se trouve en réalité subrogé aux droits du déléguant, et comme tout cessionnaire, il pourra réclamer le bénéfice des inscriptions garantissant la créance cédée, et par conséquent en ordonner la radiation, en justifiant de sa qualité par le dépôt de l'acte authentique contenant la subrogation.

26. — La délégation est imparfaite lorsqu'elle n'opère aucune novation dans les droits respectifs des parties. Le délégataire n'est alors qu'un mandataire, chargé de toucher pour le déléguant la somme due par le délégué. Toutefois, bien que le délégataire n'ait pas, dans ce cas, la disposition pleine et entière des inscriptions garantissant la créance déléguée, il n'en a pas moins qualité, à titre de mandataire, pour toucher la dette et par conséquent pour donner mainlevée au débiteur.

27. — Lorsque, dans un contrat de vente, le prix est délégué aux créanciers inscrits, la créance privilégiée du vendeur naît directement au profit de ces créanciers, s'ils acceptent la délégation dans le contrat même. L'inscription d'office doit être, en cas, formalisée à leur profit, et ce sont eux seuls, par conséquent, qui ont qualité pour en donner main-

levée (1). Mais, s'ils n'acceptent pas, dans l'acte de vente, l'indication de paiement faite par le vendeur, c'est au profit de ce dernier que l'inscription doit être formalisée. Les noms des créanciers sont seulement rappelés dans l'inscription, afin que si l'acceptation intervient plus tard, il ne soit plus nécessaire de produire le transport pour le faire mentionner en marge de la formalité.

28. — Les obligations constatées dans les diverses formes prévues par la loi commerciale (billets à ordre, lettres de change, etc.) peuvent être garanties par une hypothèque (2). Le transfert de ces garanties avec l'obligation donne lieu à des observations particulières.

Celui à qui on a transmis un effet de commerce par voie d'endossement, étant saisi régulièrement de la propriété du titre, a qualité pour donner mainlevée de l'hypothèque garantissant le paiement de l'effet de commerce. Il en est de même de celui qui détient une obligation au porteur. Le seul fait de la détention suffit à établir son droit à la propriété du titre. Ces créanciers obtiendront la radiation en déposant au conservateur, outre l'expédition de la mainlevée, soit une expédition de l'effet de commerce et de toutes les négociations dont il est revêtu, soit en cas d'obligation au porteur, une expédition ou extrait régulier de l'obligation (3).

---

(1) Troplong, 1.371 ; Grenier, 2, n° 388; Pont, 286; Boulanger, n° 58. — Il en est ainsi, lors même que la vente aurait eu lieu par acte sous seing privé.

(2) Troplong, *De la vente*, 906; Marcadé, sur l'art. 1692; Boulanger, n° 59; Cass., 10 novembre 1826, D.P., 29.1.384; Rouen, 9 mars 1830, *S.*, 31.2.245; Cass., 10 août 1831, S., 31.1.371; Bordeaux, 22 janv. 1839, *J.N.*, 10378; 7 fév. 1846, *J.C.*, 210; Cass., 20 juin 1854, Dev. 54.1.593; Dijon, 5 août 1858, S., 59.2.50, *J.C.*, 1471. — *Contrà*, Massé, *Droit commercial*, t. 6, n° 617; Bourges, 16 août 1825, *J.N*, 6522; Lyon, 22 mars 1830, Dev., 33.1.353.

(3) Toutefois, cette dernière pièce n'est pas nécessaire, lorsque l'inscription fait connaître positivement que l'obligation était au porteur. — Il est d'usage,

29. — En cas de cession de biens faite par un débiteur à ses créanciers, dans les conditions prévues par les art 1265 et suivants du C. civ., il est nommé des commissaires qui sont chargés d'administrer les biens jusqu'à la clôture des opérations. A l'appui des mainlevées qui peuvent être données par ces derniers, le conservateur doit exiger une expédition *parte in quâ* de l'acte de cession, en ce qui concerne les pouvoirs conférés aux commissaires (1).

CHAPITRE IV.

CRÉDIT FONCIER.

30. — Les statuts du Crédit foncier, approuvés par un décret du 28 juin 1856, portent :

Art. 21. « Le gouverneur fait le recouvrement des sommes « dues à la Société, signe toutes quittances avec ou sans « mainlevée, etc. » — Art. 34. « Le conseil d'administra- « tion délibère sur les affaires de la Société autres que celles « exclusivement réservées au gouverneur, notamment sur « tous traités, transactions, désistements d'hypothèques, « mainlevées d'oppositions ou d'inscriptions hypothécaires « *sans paiement*, etc. »

Les pouvoirs du gouverneur, tels qu'ils sont définis par ces articles, ne lui permettant pas de donner mainlevée sans paiement, à moins d'y être autorisé par le conseil d'administration, il en résulte que le consentement à la radiation d'une inscription, sans paiement, doit être accompagné

---

en outre, d'exiger que l'acte de mainlevée contienne en marge l'énonciation que mention de la décharge et de la mainlevée a été faite sur la grosse de l'obligation. — *Conf. Rés. de jur.*, Hervieu, *Radiation*, n° 71 ; — Bordeaux, 7 février 1846, *J.C.*, 210, Voy. Boulanger, n° 63.

(1) *J.C.*, 481.

d'une expédition de la délibération qui confère au gouverneur les pouvoirs nécessaires (*J.C.*, 1551).

CHAPITRE V.

DE LA FAILLITE.

31. — Le jugement de déclaration de faillite dessaisit le failli de l'administration de ses biens (1). Cette administration passe aux syndics. Ceux-ci ont des pouvoirs dont les limites sont tracées par les dispositions du Code de commerce.

En ce qui touche les radiations, il y a lieu de distinguer les inscriptions prises au nom du failli, avant ou après la faillite, contre les débiteurs de ce dernier et celles prises au nom de la masse des créanciers contre le failli lui-même.

32. — Le droit de consentir la mainlevée des premières appartient aux syndics. Ces derniers n'ont besoin d'aucune autorisation, lorsque la mainlevée est la conséquence d'un paiement, et par conséquent le conservateur devra rayer sur la production de la quittance et de la mainlevée, accompagnées du jugement de déclaration de faillite (2).

33. — Quant aux mainlevées consenties en l'absence de

---

(1) Cette déchéance ne se présume pas. En conséquence, le conservateur n'est pas fondé à exiger, à l'appui d'une mainlevée donnée par un commerçant, un certificat du greffier attestant que celui-ci n'est pas en état de faillite. (Limoges, 24 mai 1856; *J.C.*, 1166.)

(2) Le syndic peut consentir seul la radiation d'une hypothèque judiciaire, lorsque le jugement, en vertu duquel l'hypothèque a été prise, a été réformé en appel. (*J.C.*, 2372). — Le tribunal de commerce peut, en prononçant la nullité ou l'homologation d'un acte, ordonner la radiation de l'inscription prise en vertu de cet acte, quand la radiation n'a été demandée que comme une conséquence nécessaire de l'annulation ou de l'homologation dudit acte. (Cass., févr. 1834; S.-V. 35.1.475; *J.C.*, 55).

tout paiement, elles constituent de véritables transactions, et la question de savoir à quelles formalités on doit recourir dépend de l'opinion qu'on adopte sur la nature mobilière ou immobilière du droit d'hypothèque. En effet, aux termes de l'article 487 du Code de commerce, les syndics peuvent, avec l'autorisation du juge-commissaire, et le failli dûment appelé, transiger sur toutes contestations qui intéressent la masse, même sur celles qui sont relatives à des droits immobiliers. Toutefois la transaction, lorsque son objet est d'une valeur indéterminée ou excédant 300 fr., doit être homologuée par le tribunal de commerce, s'il s'agit de droits mobiliers, et par le tribunal civil, s'il s'agit de droits immobiliers.

En outre, s'il s'agit de droits immobiliers, l'opposition du failli suffit pour empêcher la transaction, sauf pendant la période de l'union, pendant laquelle les syndics peuvent transiger sur toute espèce de droits, nonobstant l'opposition du failli (C. com., 535).

D'après M. Boulanger, l'hypothèque, lorsqu'elle sert de garantie à une créance mobilière, constitue un droit mobilier sur lequel, par conséquent, les syndics peuvent transiger, nonobstant l'opposition du failli, et avec l'homologation du tribunal de commerce (1).

Selon M. Hervieu, l'hypothèque constitue un droit réel immobilier, et par conséquent la transaction doit être homologuée par le tribunal civil (2).

34. — Les syndics représentent les créanciers, soit pendant la période qui précède le concordat, soit pendant toute

(1) Le failli devant être appelé à l'homologation, le jugement doit lui être signifié pour devenir définitif à son égard, et le conservateur ne devra rayer que sur la production des certificats prescrits par l'art. 548, C. pr.

(2) *Rés. de jur.* Hervieu, *Radiation*, n° 22 ; Saint-Malo, 5 juill. 1856; *J.C.*, 305, 1148 et 1153; *Conf.*, jug. du trib. de Domfront, 23 fév. et 10 mars 1876; *J.C.*, 3017, 3032 ; 2726.

la période de l'union, jusqu'à la clôture de la faillite, lorsqu'il n'y a pas eu de concordat. Leurs pouvoirs à l'égard des radiations sont les mêmes pendant les deux périodes (1).

35. — Il arrive quelquefois que le tribunal de commerce prononce la clôture de la faillite pour insuffisance d'actif. Ce jugement fait rentrer chaque créancier dans l'exercice de ses actions individuelles, tant contre les biens que contre la personne du failli (C. com., art. 527). Toutefois la mission des syndics n'est pas entièrement terminée. Le failli reste, en effet, frappé de dessaisissement, et par conséquent les syndics ont encore le droit de recevoir les sommes dues au failli et de consentir à la radiation des inscriptions prises contre les débiteurs. Mais ils ne représentent plus les créanciers, et par conséquent ce n'est pas à eux, mais aux créanciers eux-mêmes qu'il faut s'adresser pour obtenir la radiation des inscriptions profitant à ces derniers.

36. — Les syndics peuvent se désister d'une instance, car c'est là un acte d'administration ; mais ils ne peuvent se désister de l'action elle-même sans suivre les formes prescrites pour les transactions. Ils ne peuvent jamais compromettre (C. civ., art. 1989).

37. — Nous n'avons parlé jusqu'à présent que des inscriptions prises contre les débiteurs du failli. L'article 490 du Code de commerce oblige les syndics à prendre inscription, au nom de la masse des créanciers, sur les immeubles du failli lui-même, et l'article 517 dispose que l'homologation

---

(1) Lorsque la faillite aboutit à un concordat par abandon d'actif (loi du 17 juill. 1856), les syndics nommés pour l'exécution de ce concordat ont à peu près les mêmes pouvoirs que les syndics de l'union. Il en résulte qu'ils ne peuvent consentir une radiation d'inscription, à défaut de paiement, sans recourir aux formalités prescrites par les art. 487 et 533 du Code de commerce, lors même qu'ils y auraient été autorisés par une clause spéciale du concordat. (*J.C.*, 2488.)

du concordat conservera à chacun des créanciers, sur les immeubles du failli, l'hypothèque inscrite en vertu de l'article 490. Cette inscription confère à chacun des créanciers un droit hypothécaire qui leur appartient personnellement et qui leur donne un droit de suite et de préférence sur tous les immeubles appartenant à leur débiteur (1). Elle ne peut donc être rayée que du consentement de tous ces créanciers. Jusqu'au concordat, ces derniers sont légalement représentés par les syndics, et par conséquent ceux-ci ont qualité pour consentir la radiation en prouvant la libération complète du failli, et c'est également contre eux que sont dirigées régulièrement les demandes en radiation (2).

Mais une fois le concordat homologué, les pouvoirs du syndic sont expirés, et chaque créancier rentre dans l'exercice individuel de ses droits. Chacun d'eux devra donc être mis en cause, lorsqu'il s'agira d'obtenir la radiation de l'inscription prise en vertu de l'article 490 (3). Comme cette inscription profite indistinctement, non-seulement aux créanciers vérifiés, mais encore à tous ceux qui se sont fait connaître postérieurement au moyen d'une opposition à la distribution des deniers, le conservateur ne doit rayer qu'autant qu'on lui justifie que tous, sans exception, ont concouru à la mainlevée ou ont été régulièrement représentés au jugement

---

(1) Cass., 29 déc. 1858; D. P., 59.1.204; *J.C.*, 1479. Voy. *Dissertation* de M. Emion, *J.C.*, 1598.

(2) Les radiations partielles s'obtiennent sans difficulté : « En effet, dit M. Boulanger, s'il est presque impossible d'établir au conservateur que le failli a payé « à tous ses créanciers légalement connus les dividendes auxquels ils avaient « droit, il est assez simple de prouver que le prix d'un héritage a été soldé par « le tiers détenteur à la masse. Les syndics ayant, jusqu'à la fin du concordat, « le pouvoir de toucher les prix des ventes, ont, par là même, comme on l'a vu « précédemment, celui d'en donner quittance et par conséquent d'affranchir « l'immeuble de l'inscription qui le grève. Toutefois, si le prix de vente avait « fait l'objet d'un ordre, le juge-commissaire aurait seul qualité pour donner la « mainlevée. » (Caen, 2 déc. 1826; S., t. 28, 2ᵉ série, p. 222.)

(3) *J.C.*, 2658, 3001.

passé en force de chose jugée qui ordonne la radiation. Quant aux créanciers qui ne se seraient pas fait connaître avant la clôture des distributions, ils sont en faute de n'avoir pas veillé à la conservation de leurs droits : *Vigilantibus non vero dormientibus jura subveniunt* (C. com., art. 503).

Le conservateur peut donc rayer sans danger, sur le consentement des créanciers vérifiés ou opposants, appuyé d'une attestation du greffier, délivrée après la dernière répartition et constatant qu'aucun autre créancier que ceux dont le consentement est produit ne s'est fait connaître par la voie d'une opposition (1).

---

(1) De même, si un jugement ordonnant la radiation a été rendu entre le failli et tous les créanciers vérifiés, il suffira, pour que le conservateur puisse l'exécuter sans exposer sa responsabilité, qu'on lui produise un certificat constatant que nul créancier ne s'est fait connaître par une opposition depuis la vérification jusqu'à la clôture des distributions. (Boulanger, n° 86.) — D'après M. Hervieu, le jugement rendu entre le failli et les créanciers vérifiés est définitif, même à l'égard des créanciers non vérifiés. Ceux-ci sont sans qualité pour interjeter appel, et leur opposition, lorsqu'elle intervient après la vérification, ne peut avoir pour effet que de leur permettre de prendre part aux répartitions de deniers restant à faire. (C. com., art. 503. — *Rés. de Jur.*, Hervieu, *Radiation*, n° 24). — Nous croyons toutefois, sans discuter cette dernière opinion, que le conservateur agira sagement en exigeant, comme le conseille M. Boulanger, la preuve qu'aucun créancier ne s'est fait connaître depuis la vérification. Il est hors de doute, en effet, que les créanciers non vérifiés ne peuvent pas interjeter appel d'un jugement où ils n'ont pas été mis en cause. « Mais, « ajoute M. Boulanger, du moment que vous reconnaissez à ces créanciers un « intérêt sérieux au maintien de l'inscription, est-ce qu'ils ne seraient pas « fondés à introduire une tierce-opposition pour faire casser le jugement « obtenu au préjudice de leurs droits ? Rien ne paraît s'y opposer. Il ne faut « donc point admettre qu'un tel jugement est exécutable à l'encontre des « créanciers non vérifiés, parce qu'il a été rendu sur la poursuite des autres. »

Lorsque, par le concordat intervenu entre le failli et ses créanciers, ceux-ci ont dispensé les syndics d'inscrire aux hypothèques le jugement d'homologation, conformément à l'article 517 C. com., le conservateur ne peut être contraint de rayer l'inscription prise au profit de la masse des créanciers, en vertu de l'art. 490, sur le simple dépôt d'une expédition du jugement d'homologation et du concordat. La dispense d'inscription n'équivaut pas, en effet, à une renonciation de la part des créanciers à leur droit hypothécaire, et le conserva-

38. — Lorsque le failli a fait rapporter le jugement déclaratif de la faillite, le tribunal, en même temps qu'il rapporte le jugement, ordonne la radiation de l'inscription. Ce jugement doit être signifié, pour faire courir les délais d'opposition ou d'appel, soit aux syndics, s'ils sont encore en fonctions, soit aux créanciers qui ont fait déclarer la faillite, ainsi qu'à ceux qui sont intervenus régulièrement dans la procédure pour en réclamer le bénéfice. Il faudra donc, pour obtenir la radiation, représenter au conservateur, avec les certificats constatant que le jugement n'est frappé ni d'opposition ni d'appel, un extrait du procès-verbal de vérification contenant le nom des créanciers vérifiés et un certificat du greffier attestant si, depuis cette vérification, d'autres intéressés ont formé des oppositions dans le délai utile, afin qu'il puisse s'assurer que le jugement a été signifié à tous les intéressés (1).

CHAPITRE VI.

FEMME MARIÉE.

§ I. — *Régime de communauté.*

39. — La capacité des époux, en matière de radiation, varie avec les différents régimes que ceux-ci peuvent adopter.

Sous le régime de la communauté, le mari a un droit de disposition à peu près absolu sur les biens communs (2). Il en résulte qu'il est apte à toucher les créances qui en dépendent, à aliéner, avec ou sans paiement, les garanties qui

---

teur ne doit obéir qu'à un ordre formel de radiation, émané de tous les créanciers auxquels cette inscription profite. (Voy. *J.C.*, 1598.)

(1) Boulanger, n° 87 ; *Rés. de Jur.*, Hervieu, *Radiation*, n° 25.

(2) Voy. toutefois l'exception résultant de l'art. 1422, C. civ.

en assurent le paiement, et par conséquent à donner mainlevée en tout état de cause des hypothèques qui profitent à la communauté. Quant à la femme, elle est incapable de faire aucun acte pouvant engager la communauté; elle est donc incapable de consentir une radiation, à moins qu'elle n'agisse en vertu d'une autorisation de son mari, autorisation dont elle devra justifier au conservateur. Lorsqu'elle a été autorisée à faire le commerce, elle est capable de consentir toutes les radiations relatives à des créances concernant son négoce.

40. — Le mari, sous le régime de communauté, n'est pas seulement l'administrateur des biens communs, il est aussi l'administrateur des biens personnels de sa femme. Toutefois, ses pouvoirs à l'égard de ces derniers ne sont pas aussi étendus, attendu que s'il a le droit d'administration, il n'a pas le droit de disposition, comme à l'égard des biens communs. Il pourra donc consentir toutes les radiations qui seront la conséquence d'un paiement; mais il sera tenu de prendre le consentement de sa femme pour renoncer purement et simplement à une hypothèque garantissant une créance non remboursée (1). Quant à la femme, elle ne peut consentir aucune mainlevée, même en ce qui concerne ses biens propres, sans une autorisation de son mari.

41. — Il est permis de stipuler, même sous le régime de la communauté, que tout ou partie des biens de la femme seront inaliénables ou ne seront aliénables qu'à charge de remploi. On reconnaît, en général, que cette stipulation n'est obligatoire que pour le mari et n'est pas opposable aux tiers acquéreurs (2). Par conséquent, le mari qui aliène un bien

---

(1) Voy. Duranton, t. 20, n° 192; Baudot, 859; Boulanger, 96; *J.C.*, n° 115; *J.N.* 1219, 8956.

(2) Troplong, *Contr. de mar.*, 79 et 159; Marcadé, sur l'art. 1343; Cass., 29 déc. 1841, D. P., 42.1.89; Rouen, 22 février 1839, D. P., 39.2.50; Bor-

de la femme et qui touche le prix, n'a pas besoin de justifier du remploi pour obtenir la radiation de l'inscription d'office prise contre l'acquéreur.

42. — En dehors des hypothèques que la femme peut avoir contre des tiers, celle-ci tient de la loi une hypothèque légale contre son mari. Il est facile de comprendre que les pouvoirs de ce dernier sur le sort de cette hypothèque ne peuvent pas être les mêmes que ceux que la loi lui a conférés à l'égard de celles prises contre des tiers. En effet, aux termes de l'article 2144 C. civ., la réduction de l'hypothèque légale de la femme ne peut être opérée que du consentement exprès de celle-ci, et après avis de ses quatre plus proches parents; elle doit, en outre, être prononcée par le tribunal, contradictoirement avec le procureur de la République (C. civ., 2145). Le conservateur ne doit donc rayer l'inscription sur les immeubles dégrevés qu'autant qu'on lui justifie que toutes les formalités prescrites ont été accomplies.

La réduction de l'hypothèque légale peut encore être consentie dans le contrat de mariage. Article 2140 : « Lorsque, « dans le contrat de mariage, les parties *majeures* seront « convenues qu'il ne sera pris d'inscription que sur un ou « certains immeubles du mari, les immeubles qui ne se- « raient pas indiqués pour l'inscription resteront libres et « affranchis de l'hypothèque pour la dot de la femme et « pour ses reprises et conventions matrimoniales. Il ne « pourra pas être convenu qu'il ne sera pris aucune inscrip- « tion. » Comme on le voit, la future doit être majeure pour consentir cette renonciation partielle à son hypothèque lé-

---

deaux, 16 avril 1842, D. P., 42.2.78; Lyon, 15 avril 1845, D. P., 49.2.20; Toulouse, 25 juin 1852, D. P., 54.2.198; Cass., 1er mars 1859, D. P., 59.1.123; — *Contrà*, Toullier, 12, n° 372; Zachariæ, 3.402; Pont et Rodière, *Contr. de mar.*, t. I, 79; Req., 22 nov. 1820, D. A., 10.220.8; Caen, 22 mars 1839, 21 fév. 1845, 19 avril et 27 déc. 1850; *J.C.*, 1518, 1565.

gale. C'est là une dérogation à l'article 1398 du Code civil (1).

---

(1) La future, quoique mineure, pourrait néanmoins, dans le contrat de mariage, consentir la radiation de son hypothèque au profit d'un tiers. Dans ce cas, l'art. 1398, C. civ., reprend son empire. — D. P., 59.1.407 ; Cass., 25 janv. 1859. — Le droit accordé aux époux par l'art. 2140, C. civ., de restreindre par leur contrat de mariage l'hypothèque légale de la femme à certains immeubles, ne permet pas le transfert de cette garantie (Cass., 5 mai 1852, Dall., 52.1.129; Lyon, 26 janv. 1854, Dall., 54.2.147 ; *J.C.*, 1099). — L'inscription de l'hypothèque légale d'une femme mariée prise par le procureur de la République, en conformité de l'art. 692, C. proc., ne peut être rayée sur le simple consentement de ce magistrat et de la femme. Il n'appartient qu'aux juges d'en ordonner la radiation (*J.C.*, 1602). Il en est autrement d'une inscription qui aurait été prise sans mandat par un tiers. La femme pourrait, dans ce cas, sans recourir aux formalités des art. 2144 et 2145, C. civ., demander au tribunal un ordre de radiation (Caen, 20 juin 1826, *J.C.*, 1177).— La femme ne peut renoncer à l'hypothèque conventionnelle consentie par son mari, pour sûreté des sommes qu'il a touchées depuis le mariage, pour le compte de sa femme. L'inscription d'une pareille hypothèque, une fois portée sur le registre, produit, pour la femme, les effets attachés à l'hypothèque légale qui lui est acquise du jour du mariage sur tous les biens de son mari (***Rés. de jur.***, Hervieu, ***Radiation***, n° 29).

La femme qui paie la dette de son mari et se fait subroger aux droits du créancier remboursé peut, avec l'autorisation de son mari, lui donner quittance et consentir la radiation de l'hypothèque inscrite. Dans l'espèce, il ne s'agit pas de l'hypothèque légale de la femme, mais bien d'une hypothèque conventionnelle qu'un tiers avait sur le mari. Dès lors, le tiers, en subrogeant la femme qui le désintéresse, lui confère son hypothèque avec sa qualité d'hypothèque conventionnelle. — La solution serait la même quand la subrogation, au lieu d'être consentie par le créancier, résulterait de la loi elle-même, aux termes de l'art. 1251 du Code civil; car, de ce que la loi, par sa seule puissance, subroge à l'hypothèque conventionnelle d'un tiers, il ne faut pas en conclure que l'hypothèque soit légale (*J.C.*, 445 et 483).

Lorsque la femme a requis l'inscription de son hypothèque légale, pour garantie d'une somme touchée en son nom par son mari, cette hypothèque s'étend de plein droit à toutes les créances que la femme a ou pourra avoir contre son mari, et par conséquent celui-ci ne pourrait en exiger la radiation, sous prétexte qu'il a fait le remploi en rentes de ladite somme (*J.C.*, 2586 ; ***Contrà***, Carpentras, 26 sept. 1870).

Lorsque les juges ont autorisé le mari à recevoir tout ou partie du prix provenant des biens de sa femme, à condition que le mari donnera hypothèque sur ses biens personnels et qu'en outre le jugement fait mainlevée de l'inscription d'office prise contre l'acquéreur et ordonne l'exécution provisoire, la radiation

43. — L'hypothèque légale porte sur tous les biens présents et à venir du mari, mais elle ne porte que sur ces biens-là. Il en résulte que le droit hypothécaire s'évanouit lorsqu'il intervient un acte, tel qu'un partage, dont l'effet est de faire considérer tel ou tel bien comme n'ayant jamais appartenu au mari (art. 883, C. civ.). Néanmoins, si l'inscription a déjà été prise sur un immeuble qui, par le résultat du partage, vient à tomber dans le lot d'un des cohéritiers du mari, bien que le droit hypothécaire se trouve anéanti rétroactivement, il n'appartient pas au conservateur de se faire juge des effets juridiques d'un tel acte, et, par conséquent, il ne peut être contraint de rayer que sur le consentement de la femme, accompagné des formalités prescrites par les art. 2144 et 2145, C. civ. (1).

44. — L'interdiction qui résulte des art. 2144 et 2145, C. civ., ne s'applique qu'aux renonciations faites au profit et dans l'intérêt exclusif du mari. Il est admis, en effet, par la jurisprudence, que la femme peut, avec la seule autorisation de son mari, renoncer à son hypothèque au profit d'un tiers, tel que par exemple l'acquéreur d'un immeuble du mari, ou un créancier de ce dernier (2).

---

ne peut être opérée qu'après l'expiration du délai d'appel et sur la justification que l'hypothèque imposée par le jugement a été inscrite au profit de la femme (Valence, 18 mars 1846, *J.C.*, 136).

(1) C. de Bordeaux, 10 mars 1836; *J.E.*, 11716; *Contr.*, 4400; Voy., *en sens contraire, J.C.*, n° 1179, 1666.

En cas de faillite du mari, l'hypothèque inscrite sur les immeubles acquis depuis le mariage se trouve résolue (C. com., art. 563). Le conservateur peut-il rayer sur le simple consentement de la femme, autorisée par son mari ? Oui, d'après l'opinion admise par le *Journal des Conservateurs*; non, d'après celle qui résulte du texte ci-dessus transcrit (*J.C.*, 2540).

(2) Cass., 12 fév. 1811; 14 janv. 1817, S.-V. 11.1.157, 17.1.146; Cass., 24 janv. 1838; Dev., 44.2.540; 4 février 1839, S. 39.1.107; Amiens, 19 nov. 1846, S.-V., 47.2.193; 16 fév. 1854, S.-V., 54.2.260; Cass., 6 nov. 1855, S.-V., 56.1.235; Nantes, 17 juillet 1871, S.-V., 72.2.26; *J.C.*, 9.63.365.494.523.604.1008.1095.1382.1594.1803.2380.2711. — Toutefois M. Hervieu (*Rés.*

45. — La renonciation de la femme est tantôt extinctive, tantôt translative. Elle est translative quand, par exemple, elle est consentie au profit d'un créancier de la femme ou du mari. Elle opère alors subrogation dans les droits de la femme, et au lieu de rayer l'inscription, le conservateur doit se borner à faire en marge les annotations nécessaires pour en transporter le bénéfice au créancier subrogé (art. 9, loi du 23 mars 1855) (1).

Lorsque la renonciation a lieu au profit d'un créancier venant immédiatement après la femme dans l'ordre des inscriptions, ou au profit d'un acquéreur d'un immeuble du mari, on considère en général qu'elle est extinctive. Elle n'est donc pas soumise à la nécessité de publication que la loi du 23 mars 1855 a imposée aux subrogations. Toutefois, la renonciation consentie au profit de l'acquéreur ne fait perdre à la femme que le droit de suite, et non pas le

---

de jur., *Radiation*, nos 34 et suivants) et le *Journal des Conservateurs* n'admettent la validité de la renonciation de la femme faite au profit d'un tiers que lorsque celle-ci a contracté avec ce tiers un engagement personnel; lorsque, par exemple, elle a concouru à la vente consentie à ce dernier ou à la quittance du prix (Riom, 13 nov. 1840, S.-V., 41.2.17; — Cass., 12 fév. 1868, *J.C.*, 2399); ou lorsqu'il est établi que le prix de vente a été employé à désintéresser un créancier du mari et de la femme (*J.C.*, 1321; Voy. Cass., 12 fév. 1868, arrêt précité); ou lorsqu'elle s'est obligée solidairement avec son mari dans un acte d'emprunt, en un mot toutes les fois qu'elle a dans l'opération un intérêt personnel ou qu'elle agit en vertu d'une obligation préexistante. On doit, au contraire, recourir aux formalités des articles 2144 et 2145, C. civ., dès lors que la femme, sans aucun avantage personnel, sans aucune obligation préexistante de sa part, renonce en faveur d'un tiers à son hypothèque légale, la mainlevée étant alors donnée dans l'intérêt seul du mari (Cass., 9 janv. 1822 et 26 avril 1864, V. *J.C.*, 1972, voir aussi nos 1535, 1557, 1569, 1621, 1697, 1699. — *Contrà*, Boulanger, nos 106 et 107; Metz, 13 juillet 1820, Cass., 28 juill. 1823; Dall., *J.G.*, *Hyp.*, 978; *J.N.*, 3776 et 4558. — Jugé que la femme peut, après la vente d'un immeuble de son mari et lorsqu'elle n'a concouru ni à la vente ni à la quittance, renoncer valablement à son hypothèque légale au profit de l'acquéreur, sans être tenue de remplir les formalités des art. 2144 et 2145, C. civ. — (C. de Rennes, 6 juin 1870; Nantes, 7 juillet 1871; *J.C.*, 2521, 2711).

(1) *J.C.*, 515.

droit de préférence. Il en résulte que, lorsque la mainlevée est présentée au conservateur, il doit, en rayant l'inscription, faire connaître expressément que la renonciation se borne au droit de suite, à moins que la mainlevée ne contienne l'abandon du droit de préférence ou qu'il ne soit justifié que le prix a été payé *en présence et du consentement de la femme* (1).

46. — Lorsque l'hypothèque dont la femme a consenti la subrogation au profit d'un tiers, n'a pas été inscrite, celui-ci est tenu de prendre inscription et de mentionner la subrogation en marge de cette inscription. Si l'inscription a été prise purement et simplement, elle profite à la femme et la radiation ne peut en être effectuée que du consentement de celle-ci, dans les formes prescrites par la loi. Mais l'inscription ne profite qu'au subrogé lorsqu'elle a été prise *à son profit exclusif* (2).

---

(1) Voy. Dall., J. G., hyp., 1003, 1004 et 2340 ; *J.C.*, 9, 63, 365, 494, 523, 604, 1008, 1095, 1382, 1594 et 1813.

(2) Cass., 5 fév. 1861 ; *J.C.*, 1644 ; D. P., 61.1.65 ; *J.N.*, 17017. — Conf. Montpellier, 17 mai 1859, *J.C.*, 1475. — La Cour de cassation a même décidé que l'inscription devait être réputée avoir été requise dans l'intérêt exclusif du subrogé, quand il l'avait formalisée pour sûreté des sommes jusqu'à concurrence desquelles la femme s'était engagée envers lui, alors même qu'il aurait ajouté, en général, qu'il la prenait à fin de garantie de toutes autres sommes qui pourraient être dues à la femme par son mari (Cass., 1er juin 1859 ; D. P., 60.1.382. — *Conf.*, Cass., 25 fév. 1862, D. P., 62.1.240).

Les inscriptions d'hypothèques légales prises par des créanciers subrogés aux droits de la femme, peuvent être rayées, sur le seul consentement de ces créanciers, lorsque la radiation ne s'applique qu'à des biens vendus conjointement par le mari et la femme, moyennant un prix payé comptant (*J.C.*, 1532).

Lorsque plusieurs cessionnaires de la femme ont requis, chacun à leur profit, l'inscription de l'hypothèque légale de la femme, il n'y a aucun danger pour le conservateur, en laissant subsister l'inscription la plus récente, à rayer les précédentes, sur la remise d'une expédition de l'acte constatant que les créanciers antérieurs ont été désintéressés et qu'ils ont fait mainlevée de l'inscription de la femme, prise à leur profit (*J.C.*, 1591).

§ II. — *De l'exclusion de communauté.*

47. — Sous ce régime, le mari est encore l'administrateur des biens de sa femme. Il peut donc donner mainlevée, soit en justifiant du paiement, soit en rapportant le consentement de sa femme. Si la femme s'est réservé l'administration d'une partie de sa fortune, elle pourra consentir, après paiement, les radiations qui seront la conséquence de son droit d'administration.

§ III. — *Séparation de biens.*

48. — Soit que les époux aient adopté le régime de la séparation de biens, soit qu'ils aient été placés sous ce régime par un jugement, la capacité de la femme est à peu près la même. Elle a la pleine et entière administration de ses biens, et, comme conséquence, elle a le droit de consentir toutes les radiations qui sont la suite d'un remboursement de la créance lui appartenant. Quant aux renonciations pures et simples à l'inscription, on décide en général qu'elles excèdent le droit d'administration conféré à la femme et que celle-ci doit par conséquent, pour les consentir valablement, se munir du consentement de son mari ou de l'autorisation judiciaire (C. civ., art. 217 et 1449) (1).

49. — Pendant l'instance en séparation, le mari n'a le droit de faire que les actes d'administration strictement nécessaires. Il en résulte qu'il ne peut donner mainlevée qu'à la suite du paiement de la créance.

50. Le jugement de séparation, qui rend à la femme son droit d'administration, est soumis à diverses formalités, dont

(1) Duranton, t. 20, n° 192; Pont, *Comm. des hyp.*, n° 1077; Persil, art. 2157, n° 4; Boulanger, n° 130. — *En sens divers :* Troplong, *Contr. de mar.*, 1417, et *hyp.*, 738 *bis*; Delvincourt, t. 3, p. 182; Dalloz, 2692; Taulier, 7.359; *J.E.*, 12880, § 6; Rouen, 13 janv. 1845, D. P., 45.4.107; *J.E.*, 13755; Voy. aussi Cass., 3 janv. 1831, S.-V., 31,1,22; *J.C.*, 12.

l'inaccomplissement entraîne sa nullité. La femme, qui consent une mainlevée doit donc justifier de l'accomplissement de toutes ces formalités, afin d'établir sa capacité à consentir la radiation (V. C. proc., art. 872, et C. civ., art. 1444) (1).

51. — Avant la séparation, la femme ne peut réduire son hypothèque légale, ni donner mainlevée de son inscription, pour quelque partie que ce soit, sans recourir aux formalités des art. 2143, 2145, C. civ. Il n'en est plus de même après la séparation. La femme peut dès lors consentir la radiation de son hypothèque légale, pourvu qu'elle justifie du paiement intégral de ses droits. Si une partie seulement des reprises est payée ou si la femme peut encore prétendre à des droits éventuels, tels que préciput, gain de survie, etc., la radiation n'est effectuée que jusqu'à concurrence des sommes dont le mari se trouve libéré. A cet effet, la femme, outre les justifications ordinaires (Voir *suprà*, n° 48, note 1), doit produire au conservateur une expédition de son contrat de mariage, à moins qu'il ne soit établi qu'il n'en existe pas, afin que le conservateur puisse reconnaître si l'inscription doit être rayée pour partie ou pour la totalité (2).

---

(1) M. Boulanger fait l'énumération des pièces à produire au conservateur. Ce sont : 1° L'expédition du jugement (Cass., 18 mai 1852, S. V., 52.1.634; *J.C.*, 806) ; 2° la preuve que le jugement a été signifié à celui des époux contre lequel il a été rendu (Nîmes, 18 fév. 1845; *J.E.*, 13764; *J.C.*, 60, 393; l'acquiescement au jugement ne remplacerait pas la signification dans une instance en séparation de corps; Cass., 2 janv. 1823, S., 23.1.88 ; Req., 16 avril 1849; *J.C.*, 461 ; *Contrà*, Cass., 21 août 1838, D. P., 38.1.363) ; 3° les certificats des greffiers des tribunaux civils et de commerce et ceux des secrétaires des mairies ou des chambres où le jugement doit être affiché, conformément aux art. 872 et 880 du C. de proc. (Nimes, 18 février 1845 ; *J.E.*, 13764; Lons-le-Saulnier, 16 juin 1857 ; *J.C.*, 1331) ; enfin, la preuve que le jugement a été exécuté dans le délai légal, conformément à l'art. 1444, C. civ. — Voy. Boulanger, n°s 132 et 133.

(1) Paris, 17 août 1843 ; Metz, 13 déc. 1854 ; S.-V., 43.2.534; 55.2.193 ; Cass., 13 avril 1863 ; S.-V., 63.1.297 ; Pont., *Hyp.*, n°s 1102 et 1103. — La femme contre laquelle a été prononcée *la séparation de corps* et qui, constituée,

52. — Il faut bien prendre garde, au surplus, que la radiation de l'inscription, quoique absolue, n'a d'effet que sur le passé. Les liens matrimoniaux ne sont pas rompus, et il peut encore, dans l'avenir, naître de nouvelles dettes du mari au profit de sa femme, telles que celles résultant du défaut ou d'insuffisance de remploi des prix de ventes d'immeubles de celle-ci (1450, C. civ.). Ces dettes se trouveront garanties par l'hypothèque de la femme, à la date du jour où elles naîtront, en cas de défaut de remploi à la date du jour de la vente, et l'hypothèque s'étendra alors sur tous les immeubles appartenant encore au mari à cette époque. Quant à ceux aliénés dans l'intervalle, ils en sont complétement affranchis, puisque le droit hypothécaire qui pesait sur eux a été anéanti définitivement par la radiation de l'inscription effectuée à la suite du paiement des anciennes créances

---

après la liquidation de ses reprises, débitrice de sommes importantes envers son mari, lui fait cession de tous les droits mobiliers et immobiliers à elle appartenant, n'ayant plus aucun droit à prétendre à l'encontre de son mari, peut valablement consentir la radiation de l'inscription de son hypothèque légale. En effet, la séparation de corps, une fois prononcée contre la femme, la prive de tous les avantages résultant de son contrat de mariage : dès lors, elle n'a plus aucun droit éventuel à prétendre (*J.C.*, 1660). Voy. *J.C.*, 2452, 3019.

Tant que la femme reste créancière de son mari, elle ne peut consentir, *dans l'intérêt seul de celui-ci*, soit la mainlevée pure et simple, soit la restriction définitive de son hypothèque légale (Cass., 28 juin 1810; 19 nov. 1833; S.-V. 10.1.341, 34.1.200; C. de Caen, 16 août 1829; C. de Grenoble, 8 mars 1834; S.-V., 31.2.173; D. P., 35.2.37; *sic*, Persil, *Rég. hyp.*, t. 2, p. 113). — Il en est ainsi notamment lorsqu'elle peut prétendre à des gains de survie, ces gains de survie étant garantis par l'hypothèque *à compter du jour du mariage* (*J.C.*, n°s 2411, 2968). — Il faut, dans ce cas, qu'elle ait recours aux formalités prescrites par les articles 2144 et 2145, C. civ.; à moins cependant qu'elle ne consente la radiation d'une inscription prise sur un immeuble vendu et qu'elle soit intervenue à la vente pour en garantir l'exécution, ou à l'acte de quittance pour recevoir le prix. Dans ce cas, la renonciation est consentie au profit d'un tiers, et non dans l'intérêt exclusif du mari (Voy. *suprà*, n° 42; *J.C.*, n° 2651).

La femme, après avoir obtenu sa séparation de biens et fait liquider ses reprises, ne peut transiger sur le chiffre auquel elles ont été fixées, et le paiement fait par le mari, en vertu de cette transaction, ne permet pas à la femme de consentir la radiation définitive de l'hypothèque légale (*J.C.*, 1599).

de la femme, et que la nouvelle hypothèque résultant du défaut de remploi ne prend naissance qu'au moment où ces immeubles ne sont plus dans le patrimoine du mari. On comprend donc que, dans cette situation, l'inscription ne doit pas disparaître entièrement du registre. Elle a perdu son efficacité, par la radiation, quant aux créances prenant date antérieurement à cette radiation ; mais elle la conserve pour les créances qui naîtront ultérieurement. La femme se trouve en un mot placée dans la même situation que celle qui serait mariée sous le régime de la séparation de biens, et qui n'aurait encore aucun droit ni actuel ni éventuel à prétendre contre son mari. Or, quels que soient les droits de la femme, les art. 2144 et 2145 doivent toujours recevoir leur application. Il en résulte que l'inscription qui existe sur les registres du conservateur doit subsister, en prévision des faits à venir, et que la femme ne peut ni demander la radiation complète de cette inscription, ni consentir à sa restriction *absolue, dans l'intérêt exclusif du mari*, sans recourir aux formalités prescrites par ces deux articles.

§ IV. — *Régime dotal.*

53. — Sous le régime dotal, le mari a l'administration des biens apportés en dot par sa femme. Nous n'avons rien à dire des immeubles qui sont, en principe, inaliénables. Mais à l'égard de la dot mobilière, qu'on s'accorde en général à considérer comme aliénable, le mari a les pouvoirs les plus étendus. Il peut recevoir le remboursement des capitaux exigibles et, par conséquent, donner mainlevée des inscriptions prises contre les débiteurs libérés ; il peut céder les créances, aliéner le mobilier, poursuivre et accepter le remboursement des rentes, traiter sur le compte de tutelle qui peut être dû à sa femme (1), transiger sur les droits mobiliers de

(1) Il a même été décidé qu'il pouvait opposer en compensation d'une dette à

celle-ci, et par conséquent, donner mainlevée, sans paiement, des hypothèques lui appartenant.

La femme n'a d'autre garantie, tant que les conventions matrimoniales restent entières, que son hypothèque légale.

54. — Si la dot mobilière est aliénable entre les mains du mari, on considère en général qu'elle est inaliénable entre les mains de la femme (1). De là, deux conséquences remarquables : la première, c'est que la femme, contrairement à ce qui se passe sous le régime de la communauté, ne peut, même avec l'autorisation de son mari, céder son hypothèque légale soit à un tiers soit à ses propres créanciers au préjudice de sa dot (2). Il est bien entendu que la disposition,

---

lui propre une créance dotale de la femme (Grenoble, 13 déc. 1823, D.N., v° *Rég. dot.* 98). — Quant à la femme, elle n'a pas qualité pour toucher les capitaux dépendant de sa dot, et par conséquent elle ne peut donner mainlevée.

(1) Cass. 6 déc. 1859, D.P. 59 1.501 ; *J.C.*, 1641.

(2) « La dot mobilière, soumise par sa nature à des chances d'altération ou de « perte, devait, dans les vues du législateur, comporter tous actes de disposition « qui permettraient au mari d'en faire l'emploi le plus utile à la famille... Si, à « côté des avantages d'une administration intelligente, se présentent les dangers « d'une gestion imprudente, c'est aux conventions matrimoniales à y obvier; à « défaut de stipulation spéciale, il y est pourvu, dans la mesure que la loi a jugée « suffisante, par la garantie de l'hypothèque légale. C'est ce recours hypothé- « caire qui ne peut être aliéné. Pour la femme, la règle de l'inaliénabilité se « traduit donc dans l'impuissance de renoncer, même avec l'autorisation de son « mari, aux créances résultant pour elle de la responsabilité encourue par celui- « ci dans son administration. » — Cass. 6 déc. 1859 ; Cass. 18 mars 1841, *J.N.*, 11095; Cass. 9 juin 1841, *J.N.*, 11017; Cass. 12 août 1846, D.P., 46.1.296 et Ch. réunies, 14 nov. 1846, D.P., 47.1.27. — *Contrà*, Lyon, 31 janv. et 16 juill. 1840, Bruxelles, 3 juin 1846, D.P., 46.3.187; V. *J.C.*, 2670. — M. Emion, dans le *Journal des Conservateurs*, professe une opinion contraire, en se fondant sur ce que la femme peut renoncer à son hypothèque légale dès l'instant que la renonciation a lieu au profit d'un tiers avec lequel elle traite directement, et non au profit du mari. Rien de plus vrai sous tout autre régime que le régime dotal. Mais la dotalité a des règles spéciales dont il faut tenir compte, et une de ces règles, c'est l'inaliénabilité de la part de la femme des garanties hypothécaires qui servent à assurer le remboursement de sa dot. — Jugé que, sous le régime dotal, la femme ne peut valablement acquiescer au jugement qui ordonne la

qui interdit à la femme de renoncer à son hypothèque légale au profit de son mari ou même d'en consentir la restriction en dehors des formalités prescrites par les art. 2144 et 2145, C. civ., est plus applicable que jamais, lorsqu'elle est mariée sous le régime dotal.

55. — La deuxième conséquence, c'est qu'une fois la séparation de biens prononcée, comme la dot retourne à la femme, et que l'hypothèque légale ne peut plus servir à en assurer la conservation, on décide généralement que la femme, bien qu'elle succède à son mari, dans l'administration de la dot, n'a pas néanmoins les mêmes pouvoirs que ce dernier. Les actes de disposition lui sont interdits, même avec le consentement de son mari. Elle ne pourrait donc donner mainlevée à un des débiteurs de la dot, *sans paiement préalable*, de l'inscription prise contre lui (1).

56. — Toutefois, la femme a qualité pour faire tous les actes qui ne dépassent pas les bornes d'une sage administration. Ainsi, elle peut toucher ses capitaux, sans être tenue d'en faire emploi, et dès lors elle a toute capacité pour donner mainlevée de l'inscription prise pour sûreté des sommes qui lui sont payées, sans avoir besoin de l'autorisation de son mari ou de celle de justice (2). De même, c'est elle qui touche ses revenus et qui libère valablement les débiteurs,

---

radiation d'une inscription prise pour garantie de ses droits dotaux, et que le conservateur était fondé à refuser la radiation, tant que le délai d'appel n'était pas expiré, ou qu'on ne justifiait pas que le jugement n'était point frappé d'appel (Rouen, 8 fév. 1842; S.-V., 42.2.271).

(1) Cass., 19 nov. 1833; *J.N.*, 8512. — V. en ce qui concerne l'inaliénabilité de la dot mobilière, après la séparation. Nîmes, 21 juin 1821, *J.N.*, 3922; Cass. 23 déc. 1839, 31 janv. 1842, 11 nov. 1846, *J.N.*, 3738, 10609, 12947.

(2) Cass. 22 déc. 1839, 11 avril 1842; S.-V., 40.1.242; 42.1.315. — C. de Nîmes, 29 juin 1840; S.-V., 41.2.57; Cour de Caen, 23 nov. 1842; S.-V., 43.2.123; C. de Paris, 25 fév. 1843; S.-V., 43.2.261; C. de Limoges, 16 déc. 1848; S.-V., 49.2.342; *J.C.*, 537, 1613.

à moins cependant que le mari n'ait été autorisé par le jugement de séparation à recevoir lui-même les revenus utiles aux besoins du ménage.

57. — La dot mobilière peut être déclarée aliénable par le contrat de mariage. Dans ce cas la femme pourra, après la séparation, disposer de ses inscriptions, comme si elle avait été dès le principe mariée sous le régime de la communauté, et sous les distinctions établies pour ce dernier régime (V. *Suprà*, n° 48). Il devient certain, dès lors, qu'elle pourra consentir toutes les renonciations à son hypothèque légale, qui sont permises aux femmes mariées sous tout autre régime que le régime dotal.

Il est admis, au surplus, que le droit, conféré par le contrat, d'aliéner et même d'hypothéquer les immeubles dotaux n'entraîne pas celui d'aliéner la dot mobilière (1). Le droit d'aliéner la dot mobilière n'entraîne pas celui de compromettre (2).

58. — La femme mariée sous le régime dotal pouvant disposer de ses biens pour l'établissement de ses enfants, peut donner mainlevée de l'inscription de son hypothèque légale frappant les immeubles constitués en dot par le mari à l'enfant commun (3).

59. — Le contrat de mariage peut soumettre le mari à faire emploi des capitaux faisant partie de la dot et touchés pendant le mariage. Une obligation semblable pèse sur lui lorsque les immeubles dotaux ont été déclarés aliénables, à charge de remploi.

Lorsque cette condition a été insérée dans le contrat de

---

(1) Cass. 2 janv. 1837, Dev., 37.1.975; conf. Cass. 1er juin 1855, *J.N.*, 15219.

(2) Nimes, 26 fév. 1812; Lyon, 20 août 1828; *Contrà*, Grenoble, 12 fév. 1846; D.P., 46.2.237; Nimes, 9 nov. 1849, D.P., 52.2.181.

(3) *J.C.*, 1280 et 1381.

mariage, le débiteur n'est libéré qu'autant que l'emploi ou le remploi a été fait dans les termes prévus au contrat. Par conséquent, le conservateur ne doit rayer l'inscription qu'autant qu'on lui justifie que le remploi a été dûment effectué (1).

Il en est de même dans les cas de remploi légal prévus par les articles 1558 et 1559 C. civ., ou lorsque le remploi a été ordonné par le juge, comme en cas d'expropriation pour cause d'utilité publique.

Si le conservateur a le droit de s'assurer que le remploi a été effectué dans les conditions prévues au contrat de mariage, il n'est pas juge de l'utilité de ce remploi (2).

La clause d'emploi ou de remploi doit être interprétée restrictivement. Ainsi, d'une part, l'emploi ne serait pas valable s'il était fait en biens d'une autre nature que ceux mentionnés au contrat de mariage (3). D'autre part, l'obligation que cette clause impose doit être limitée aux cas expressément prévus dans le contrat (4).

---

(1) — V. *J.C.*, 145, 315, 473, 2438, 2656, 2733.

Jugé que, lorsqu'une femme s'est réservé la faculté d'aliéner ses immeubles, sous la condition imposée au mari de faire emploi du prix en achat d'autres immeubles, ou au moyen d'une garantie hypothécaire suffisante, le conservateur ne doit rayer l'inscription d'office prise contre l'acquéreur qu'autant qu'il lui est justifié que la femme a accepté le remploi (Cass. 9 juin 1841 ; *J.C.*, 1707).

— Le même principe est applicable au prix de la licitation d'immeubles dotaux indivis, malgré la fiction de l'art. 883, ou au prix d'un immeuble, dont la femme n'a que la nue propriété, l'usufruitier ne pouvant prétendre autre chose que le placement du prix pour lui assurer la perception des intérêts (*J.C.*, 1443).

— Le remploi est obligatoire lors même qu'un jugement aurait formellement dispensé l'acquéreur de justifier du remploi, si d'ailleurs cette dispense n'est pas écrite dans le contrat de mariage (*J.C.*, 2600, 2929).

— Pour le cas où il a été stipulé dans le contrat de mariage que les tiers ne seraient pas responsables du défaut de remploi. — *Voir J.C.*, 2984.

(2) *J.C.*, 145, 949, 1497, 2438, 2681, 2933.

(3) Cass. 9 juin 1841 ; *J.E.*, 12779 ; S., 41.1.468.

(4) Ainsi l'obligation de faire emploi du prix de rentes *aliénées* ne s'applique pas aux rentes remboursées (Caen, 4 mai 1842 ; Cass. 11 juil. 1843 ; *J.E.*, 13370 ; *J.C.*, 473, 1705, 2202).

L'obligation de remploi passe à la femme après la séparation de biens. En succédant au mari, dans l'administration de la dot, elle succède à toutes les obligations qui étaient imposées à ce dernier (1).

60. — Aux termes de l'article 1576, il est permis à la femme mariée sous le régime dotal de conserver l'administration et la jouissance d'une partie de ses biens. Ces biens, qu'on appelle *paraphernaux*, échappent aux règles qui régissent les biens dotaux. Ils tombent sous l'application des règles qui régissent les biens de la femme sous le régime de la séparation de biens. (V. *suprà*, n°s 48 et 52) (2).

61. — Puisque les pouvoirs du mari ou de la femme sont différents, suivant le régime que les époux ont adopté, on doit décider que le conservateur, pour effectuer une radiation, est fondé à exiger le dépôt d'une expédition ou d'un extrait du contrat de mariage (3).

Toutefois le conservateur ne peut refuser la radiation d'une inscription consentie par le mari et la femme, qui déclarent être mariés sans contrat de mariage. Cette déclaration, contenue dans un acte authentique, fait foi à l'égard

---

(1) Cass. 25 déc. 1826, *Cont.*, 1136; — Cass. 25 déc. 1839, *J.N.*, 10609.

(2) Il en résulte que la femme peut consentir la radiation d'une inscription prise pour sûreté d'une créance paraphernale dont elle a reçu le remboursement. Mais elle ne pourrait donner mainlevée, en l'absence de tout paiement, sans l'autorisation de son mari ou de justice (Grenoble, 9 avr. 1842; *J.C.*, 1316, 1330, 1769).
— Quant à son hypothèque légale, qui peut être appelée à la couvrir contre le défaut de remploi du prix de la vente d'un immeuble paraphernal (C. civ., art. 1450 ; Cass. 27 avr. 1852, D.P., 52.1.163 ; 27 décembre 1852, D.P. 53.1. 39), elle ne peut y renoncer qu'en faveur et dans l'intérêt des tiers. Pour y renoncer au profit exclusif de son mari, elle doit se soumettre au prescrit des art. 2144 et 2145, C. civ. (Cass. 5 juin 1850, D.P., 50.1.205; Boulanger, n° 174). — L'avis contraire, émis par le *Journal des Conservateurs*, est évidemment une erreur (*J.C.*,3025).

(3) Cass. 9 juin 1841 ; S.-V., 41.1.468 ; — C. de Paris, 23 mars 1844 ; S.-V., 44.2.131 ; D.P., 41.1.257 ; *J. C.* 60, 382, 461, 809, 1242, 1393, 2745.

du conservateur, alors même qu'après la radiation il serait reconnu qu'il existait un contrat de mariage, la loi ne punissant que celui qui a commis le faux (C. pén., art. 147 et 148), et non celui dont la bonne foi a été surprise ou qui se trouve lésé dans ses intérêts (1).

CHAPITRE VII.

DU MANDAT.

62. — Il y a deux sortes de mandat : le mandat général et le mandat spécial (C. civ., 1987).

Le mandat général embrasse tous les actes d'administration et confère, par conséquent, au mandataire le droit de recevoir les sommes dues au mandant, d'en donner quittance et de consentir la radiation des inscriptions. Mais il ne lui donne pas le droit de renoncer à l'inscription relative à une créance non remboursée. C'est là un acte d'aliénation, pour lequel un pouvoir spécial est nécessaire (C. civ., 1988).

63. — Les pouvoirs du mandataire spécial sont réglés par l'acte constitutif du mandat. Ils doivent être restreints dans les limites tracées par cet acte. On ne peut formuler à cet égard aucune règle générale (2).

---

(1) C. de Nimes, 18 fév. 1845 ; *J. C.*, 60 et 382.

(2) Voici cependant quelques décisions de la jurisprudence intervenues à propos des radiations :

Le pouvoir de toucher une créance emporte celui de donner mainlevée (*Rés. de Jur.*, Hervieu, *Mandat*, nº 12; *J.C.*, 1052). — Il faut cependant faire une exception pour certains cas de mandat légal. Ainsi l'huissier qui poursuit un débiteur et a qualité pour donner quittance en cas de recouvrement n'a pas qualité pour donner mainlevée. Sa capacité se borne aux actes strictement nécessaires à l'accomplissement de son mandat (*J.E.*, 12.105, nº 2; Baudot, 887). — Le mandat *ad litem* conféré à l'avoué à l'effet de suivre l'exécution d'un jugement ne lui donne pas le droit de recevoir la somme due, ni par conséquent

64. — La procuration donnée à l'effet de consentir une mainlevée doit être passée dans la forme authentique, comme l'acte de mainlevée lui-même (C. civ., 2158).

C'est, en effet, la procuration, plus encore que l'acte de mainlevée, qui renferme, à proprement parler, le consentement du créancier à la radiation de l'inscription (1).

65. — Lorsque le mandataire s'est substitué un tiers pour l'exécution du mandat, les opérations de ce dernier ne sont opposables au mandant que si celui-ci a autorisé la substitution. Par conséquent, à défaut d'autorisation, le conservateur

---

de donner mainlevée de l'inscription (C. proc., 1038; — Cass., 23 juillet 1828, *J. N.*, 6735).

Le pouvoir donné pour toucher la créance et rayer l'inscription ne peut être divisé. Par conséquent le mandataire ne pourrait donner mainlevée, sans avoir reçu le paiement, bien que cette mainlevée soit comprise dans les termes de son mandat. — (Roanne, 19 juin 1845; Vannes, 31 oct. 1848; *J.C.*, 76, 422, 909, 2403, 2437).

Le pouvoir de transiger n'emporte pas celui de compromettre (C. civ., 1989). — Le pouvoir de compromettre ne renferme pas celui de donner mainlevée d'une inscription relative à une créance non soldée (Voy. *J.C.*, 909; *D. N.*, v° *Comp.*, 37).

Le pouvoir de vendre n'entraîne pas nécessairement celui de recevoir le prix et de donner mainlevée des inscriptions. — (Rennes, 24 août 1822; Cass., 18 nov. 1824; Rouen, 9 nov. 1839; Persil, 2157, n° 10; Baudot, 883). — L'élection de domicile faite, pour le paiement du prix, dans l'étude d'un notaire, ne confère pas à ce dernier le pouvoir de recevoir et de libérer l'acquéreur. — (Cass., 23 nov. 1830; D. P., 31.1.405; 21 nov. 1836; D. P., 37.1.53; Dalloz, *J. G.*, v° *Oblig.*, 1713).

(1) Cass., 21 juill. 1830; D. P., 30.1.376; *J. E.*, 9575; — Cass., 7 fév. 1854; D. P., 54.1.49; 12 nov. 1855; D. P., 55.1.453; *J.C.*, 1227. — La mainlevée peut être consentie en vertu d'une procuration passée à l'étranger devant l'officier public compétent, et revêtu de toutes les légalisations judiciaires et diplomatiques destinées à constater sa sincérité (*J. E.*, 13909; *D. N.*, v° *Mainlevée*, n° 132; Baudot, n° 841; Boulanger, 204; — *Conf.*, *J.C.*, 1067, 1182). — La procuration donnée par les militaires en pays ennemi devant le conseil d'administration de leur corps est suffisante pour consentir valablement la mainlevée d'une inscription. — (Décret, 16 fructidor, an 2; Inst. min., 3 mars 1823; *J. N.*, 13201). — La signature des membres du conseil doit toutefois être légalisée par le ministre de la guerre. — Boulanger, 205, *Contrà*, *J.E.*, 16256, n° 7).

ne devrait pas rayer une inscription sur la mainlevée donnée par le substitué.

Si le mandataire est autorisé par la procuration à se substituer un tiers et qu'il use de cette faculté, le substitué qu'il aura choisi pourra donner valablement mainlevée, mais il ne pourra choisir lui-même un second substitué. Les actes de ce dernier seraient inopposables au mandant, et par conquent la radiation qu'il consentirait ne devrait pas être opérée par le conservateur (1).

CHAPITRE VIII.

DE LA MINORITÉ, DE L'INTERDICTION ET DU CONSEIL JUDICIAIRE.

§ Ier. — *Mineur.*

66. — L'administration des biens du mineur appartient au tuteur. Celui-ci a donc, comme tout administrateur, qualité pour recevoir les capitaux appartenant à son pupille, en donner quittance et consentir toutes radiations nécessaires à la suite du paiement (2).

67. — Les pouvoirs du tuteur sont très-étendus. Il peut faire tous les actes pour lesquels la loi ne lui prescrit pas de prendre l'assentiment du conseil de famille. Il peut donc aliéner le mobilier (3), céder une créance hypothécaire du mineur (4). Néanmoins, on ne lui reconnaît pas le droit de

---

(1) Boulanger, n° 206; *Rés. de Jur.*, Hervieu, *Mandat*, n° 7.

(2) Cass., 22 juin 1818; S.-V., 19.1.111; *J. E.*, 6665. — Le conservateur peut exiger, à l'appui de la mainlevée donnée par un tuteur, le dépôt d'une expédition de l'acte de tutelle qui seul peut établir la qualité et la capacité de celui qui consent la radiation. (Havre, 9 mars 1855; *J.C.*, 1078).

(3) Demolombe, t. 7, p. 371; Seine, 14 janv. 1859; D. P. 59.3.47.

(4) Paris, 18 fév. 1826; Bordeaux, 8 janv. 1829.

renoncer purement et simplement à une hypothèque, dont les causes subsistent encore. Il doit, pour cela, être autorisé par une délibération du conseil de famille, homologuée par le tribunal, conformément aux articles 457 et 458 C. civ. (1). Cette règle doit être suivie dans tous les cas, quelle que soit la nature de la créance et quelle que soit son origine. Elle s'applique notamment à la créance provenant d'un majeur, soit par succession, soit en vertu d'une donation ou d'un legs. Dans ces derniers cas, le tuteur, outre l'obligation qui lui est imposée de justifier du paiement ou bien de recourir aux formalités des articles 457 et 458 précités, doit établir au conservateur que la transmission qui a fait passer la créance sur la tête du mineur s'est effectuée régulièrement, c'est-à-dire que la succession, ou la donation, ou le legs, ont été acceptés conformément aux règles prescrites par les articles 461, 462, 463 et 935 du Code civil (2).

68. — Le tuteur n'est pas obligé de faire emploi des

---

(1) Cass., 22 juin 1818; C. de Metz, 18 juin 1824; — S.-V., 19.1.111; — 25.2.359; — Voy. Boulanger, n° 211. — *J.C.*, 95.285.1023.2880. — Jugé que, même en cas de faillite, le tuteur ne pouvait, par le concordat, renoncer à tout ou partie de l'hypothèque appartenant à son pupille, sans observer les formalités prescrites par les art. 457 et 458, C. civ. — (Cass., 18 juill. 1845; *J.C.*, 2539). — Le conservateur est donc autorisé à refuser d'obéir à l'ordre de radiation donné par un tuteur, qui ne justifie pas du paiement ou de l'extinction de la créance, ou qui n'a reçu qu'une partie de la somme due (*J.C.*, 2382); — lors même que la mainlevée émanerait du survivant des père et mère, tuteur légal, et ayant la jouissance des biens de son pupille (*J.C.*, n° 277). — Il importe peu du reste que la créance soit ou non exigible. Dès l'instant que le tuteur en reçoit le paiement, il a qualité pour consentir seul la radiation (*J.C.*, 280).

Le tuteur peut donner mainlevée de l'inscription d'office, lorsqu'il reçoit le prix de la vente, lors même que la vente aurait été faite en dehors des formalités prescrites par l'art. 457, C. civ. — L'absence de ces formalités pourra en effet amener l'éviction de l'acquéreur, mais la mainlevée produira toujours ses effets. — *J. E.*, 8985; — Baudot, n° 862.

(2) *J.C.*, n° 2617. — On admet en général qu'un legs particulier peut être accepté par le tuteur, sans l'autorisation du conseil de famille, s'il ne contient aucune charge. — (Demolombe, t. 7, n° 708; Duranton, t. 3, n° 582).

sommes qu'il reçoit, ou plutôt l'obligation de faire emploi ne concerne pas les tiers; elle n'est sanctionnée que par la responsabilité qui pèse sur le tuteur, et dont les effets sont garantis par l'hypothèque légale du mineur. Le défaut d'emploi ne peut donc autoriser le conservateur à refuser la radiation.

69. — Lorsque le tuteur est lui-même débiteur du mineur, il ne peut, en sa qualité d'administrateur, recevoir fictivement ses propres deniers et consentir la mainlevée de l'inscription qui pèse sur ses biens, sans l'assistance du subrogé-tuteur (1).

70. — Le tuteur, non autorisé conformément à la loi, ne peut pas plus transférer une hypothèque sur d'autres biens qu'il ne peut y renoncer (2). Il ne peut, non plus, ni acquiescer à un jugement de radiation, qui n'est pas fondé sur l'extinction de la créance, ni transiger sur les droits du mineur (3). Le conservateur doit donc, dans ces différents cas, refuser d'obéir à un ordre de radiation donné sans qu'il soit justifié de l'accomplissement de toutes les formalités prescrites.

71. — Le tuteur, ne pouvant se rendre acquéreur d'une créance contre son pupille ou appartenant à son pupille (art. 450), le conservateur ne devrait pas obéir à la mainlevée qui serait donnée par le tuteur en conséquence d'un acte de cette nature.

---

(1) Bordeaux, 14 mai 1855; *J. N.*, 575;

(2) Metz, 8 juin 1824; *J. N.*, 5474.

(3) Aux termes de l'art. 467, la transaction doit être précédée de l'autorisation du conseil de famille et de l'avis de trois jurisconsultes désignés par le procureur de la République. Elle doit être soumise ensuite à l'homologation du tribunal, qui se prononce après avoir entendu le procureur de la République. — Le jugement est d'ailleurs susceptible d'appel, d'où la nécessité pour le conservateur d'exiger la production du certificat de non-opposition et appel prescrit par l'art. 548, C. proc. — Boulanger, n° 224.

72. — Le mineur a contre son tuteur une hypothèque légale pour la garantie des faits de la tutelle. Il est évident que si une inscription a été prise, le tuteur n'a pas qualité, comme pour les inscriptions ordinaires qui profitent à son pupille, pour en donner mainlevée. Cependant il peut demander que l'inscription qui grève ses biens d'une manière générale soit restreinte aux immeubles suffisants, pour opérer une pleine garantie en faveur du mineur. Cette restriction ne peut être effectuée que dans les formes prescrites par l'art. 2143, C. civ. Le conservateur auquel on demandera la radiation devra donc se faire justifier de l'accomplissement de ces formalités.

73. — L'inscription d'hypothèque légale prise contre le tuteur pourra encore être rayée dans les deux cas suivants : 1° lorsqu'un immeuble aura été vendu et que le tuteur se sera fait autoriser par le tribunal, contradictoirement avec le subrogé tuteur, à en toucher le prix pour le compte de son pupille, ou même qu'il aura obtenu à cet égard le consentement du subrogé tuteur (1); 2° lorsque le tuteur aura été remplacé. Le nouveau tuteur pourra alors consentir la mainlevée de l'hypothèque légale grevant les biens de l'ex-tuteur, et le conservateur devra opérer la radiation sur le dépôt d'une expédition du compte portant quittance du reliquat et mainlevée de l'inscription (2).

74. — Le mineur, devenu majeur, recouvre l'administration de ses biens, et c'est à lui désormais que revient le droit de consentir toutes les mainlevées relatives à ses créances. Toutefois, en ce qui concerne son hypothèque légale, la validité de la mainlevée est subordonnée à certaines condi-

---

(1) Voy. *Rés. de jur.*, Hervieu, *Radiation*, n° 88 ; Seine, 19 juin 1839; *J. E.*, 12.325, C. d'Agen, 5 janv. 1841 ; D. P., 41.2.137; *J.C.*, 278, 494, 1344, 1494, 2625.

(2) *J. C.*, 50.2517.

tions prévues dans l'art. 472 du C. civ. D'après cet article, il ne peut intervenir un traité valable entre le tuteur et le mineur devenu majeur, s'il n'a été précédé de la reddition d'un compte et de la remise des pièces justificatives, le tout constaté par un récépissé de l'oyant-compte, dix jours au moins avant le traité. Il doit donc être justifié de l'accomplissement de ces formalités, pour que le conservateur puisse obtempérer à un ordre de radiation émané de l'ex-mineur (1).

§ II. — *Mineur émancipé.*

75. — La capacité du mineur émancipé est déterminée par les art. 481 et suivants du C. civ.

Aux termes de l'art. 481, il a qualité pour passer seul les baux dont la durée n'excède pas neuf ans, pour recevoir ses revenus, en donner décharge et faire tous les actes qui sont de pure administration. Il pourra donc également consentir seul toutes les mainlevées qui seront la conséquence de ces actes d'administration.

76. — Mais lorsqu'il s'agira de toucher un capital mobilier et, par conséquent, de consentir la mainlevée de l'inscription relative à la somme touchée, il devra être assisté de son curateur (C. civ., 482). Il peut, sous les mêmes conditions, aliéner son mobilier, par conséquent céder une

---

(1) C. de Caen, 17 déc. 1827; S.-V., 28.2.170; C. de Dijon, 26 mars 1840; S.-V., 40.2.422; *J.C.*, 1418, 2808. — Le mineur devenu majeur peut toutefois, sans que son compte ait été rendu, donner mainlevée de son hypothèque légale au profit d'un tiers détenteur, à moins que cette mainlevée ne puisse être considérée, à raison des circonstances, comme une renonciation déguisée au profit du tuteur. En tout cas, la fraude ne se présumant pas, le conservateur peut obéir sans danger à l'ordre de radiation (Cass., 10 avril 1849 ; D. P., 49.1. 105; *J.C.*, 502). — S'il n'y avait pas eu de gestion et par conséquent pas de compte à rendre par le tuteur, le conservateur ne devrait rayer qu'en vertu d'un jugement constatant l'absence de gestion, à moins qu'il ne se soit écoulé plus de dix ans depuis la majorité du mineur. — Boulanger, 237.

créance et subroger le cessionnaire à l'hypothèque garantissant le paiement de la créance cédée (1).

77. — Il ne peut, même avec l'assistance de son curateur, donner mainlevée pure et simple d'une inscription relative à une créance non soldée. Nous avons vu précédemment que le tuteur ne pouvait consentir une pareille renonciation, sans le consentement du conseil de famille, homologué par le tribunal (V. *suprà*, n° 67). Or le mineur émancipé, assisté de son curateur, n'a pas plus de capacité que le tuteur. Il en résulte qu'il ne peut consentir une renonciation gratuite à son droit d'hypothèque sans avoir recours aux mêmes formalités (2).

78. — Le mineur émancipé qui fait un commerce est réputé majeur pour tous les faits relatifs à ce commerce (C. civ., 487). Dans les limites de ses opérations commerciales, il peut donc, sans l'assistance de son curateur, recevoir ses capitaux, donner mainlevée des inscriptions prises contre ses débiteurs, faire, en un mot, avec la même capacité qu'un majeur, tous les actes qui sont la conséquence de son commerce. La preuve de la nature commerciale de l'opération résultera suffisamment de la déclaration du mineur émancipé consignée dans l'acte de mainlevée (3).

79. — Le compte à rendre par le tuteur au mineur émancipé n'est pas soumis aux prescriptions de l'art. 472, C. civ. L'art. 480 exige seulement que le mineur soit assisté

(1) Cass., 19 juin 1850; D. P., 50.1.308; *J.C.*, 862, 1096, 1610 et 1747). — Il ne pourrait toutefois céder une créance à son curateur, sans l'assistance d'un curateur *ad hoc* (*J.C.*, 1747).

Le curateur doit surveiller l'emploi des capitaux reçus (C. civ., 482). — Mais cette obligation ne concerne que les rapports du mineur avec ce dernier et n'est pas opposable aux tiers.

(2) Boulanger, n° 240.

(3) Boulanger, n° 252.

de son curateur. Avec cette assistance, il a qualité pour recevoir son compte, donner quittance du reliquat et, par conséquent, consentir la mainlevée de l'hypothèque légale grevant les biens de son tuteur (1).

80. — Lorsqu'un mineur devenu majeur consent la radiation d'une inscription prise pendant sa minorité, le conservateur peut exiger la représentation de l'acte de naissance, afin de s'assurer de la capacité du contractant (2).

§ III. — *De l'interdiction et du conseil judiciaire.*

81. — L'interdit est remplacé, dans les actes de la vie civile, par son tuteur. Ce dernier a la même capacité que le tuteur d'un mineur. Il suffira donc de se reporter à ce qui a été dit précédemment (voir *suprà*, nos 66 et suivants), pour savoir dans quelles conditions les radiations peuvent être consenties par le tuteur à l'interdiction.

82. — Le prodigue qui a été pourvu d'un conseil judiciaire ne peut ni plaider, ni transiger, ni emprunter, ni recevoir un capital mobilier et en donner décharge, ni aliéner ou grever ses biens d'hypothèques, sans l'assistance de ce conseil (C. civ., 513). Pour tous les autres actes que ceux

---

(1) Cass., 13 avr. 1824; 23 août 1837; D.P., 40.1.248; Limoges, 3 avr. 1838; *J.N.*, 10224; Rouen, 28 avr. 1874; D.P., 45.4.513; — *Contrà*, Agen, 19 fév. 1824; *J.N.*, 5228.

— Mais, si le reliquat n'était pas payé, il ne pourrait donner mainlevée qu'avec le consentement du conseil de famille et l'homologation du tribunal. — Il en serait même ainsi, si le reliquat avait été payé au moyen d'une créance sur un tiers, l'hypothèque légale devant subsister dans ce cas jusqu'au paiement intégral de la créance (*J.C.*, 1610).

(2) — Villefranche, 22 juin 1852; *J.C.*, 809. Nous croyons toutefois cette précaution superflue, attendu que le notaire chargé de certifier *l'état* des parties, couvre la responsabilité du conservateur dès lors qu'il a fait figurer la personne qui donne la mainlevée, comme majeure et comme maîtresse de ses droits (Loi du 25 ventôse an XI, art. 9, 11 et 13; — *Rés. de jur.*, Hervieu, *Mineur*, n° 10)

énumérés précédemment, il a la capacité de droit commun. Il peut donc toucher ses revenus et donner mainlevée des inscriptions qui s'y rapportent sans l'assistance de son conseil.

Avec l'assistance de ce conseil, il a une capacité pleine et entière même pour les actes énumérés dans l'art. 513. Il en résulte qu'il peut, sous cette condition, donner mainlevée d'une inscription relative à une créance non soldée.

83. — La capacité du tuteur à l'interdiction est subordonnée à la régularité du jugement qui l'a nommé. La validité de ce jugement est elle-même subordonnée à l'accomplissement de certaines formalités énumérées dans les art. 494 et suivants du C. civ., telles que l'avis préalable du conseil de famille, composé selon les règles ordinaires. Le conservateur devra donc exiger qu'on lui dépose une expédition de la délibération (1), outre le jugement qui a prononcé l'interdiction. On devra produire également un certificat du greffier constatant qu'il n'y a pas eu d'appel (C. proc., 894; C. civ., 501) (2), ainsi que les certificats émanés du greffier du tribunal et du secrétaire de la chambre des notaires, attestant que le jugement a été publié (C. civ. 501).

CHAPITRE IX.

DES SOCIÉTÉS.

84. — La gestion, dans une société, appartient ordinairement à la personne ou aux personnes choisies par la société.

(1) Cass., 19 août 1850; *J.N.*, 14173. — Il n'est pas tenu toutefois d'examiner si le conseil de famille a été composé suivant les règles prescrites par la loi. — Boulanger, 190.

(2) L'acquiescement de l'interdit ne remplacerait pas cette attestation, attendu qu'il est de jurisprudence que ces matières ne peuvent être l'objet d'un acquiescement ni d'une transaction. (Cass., 7 sept. 1808; 15 mars 1858, D.P., 58.1.121).

— Elle peut être conférée par l'acte de société, et dans ce cas, le gérant ne peut être révoqué sans cause légitime, tant que la société dure. De plus il peut faire, nonobstant l'opposition des autres associés, tous les actes qui dépendent de son administration (C. civ., 1856).

Si au contraire la gérance ne lui a été conférée que par acte postérieur au contrat de société, elle est révocable comme un simple mandat (C. civ., 1856).

Lorsque la gérance a été confiée à plusieurs associés, ou bien leurs fonctions ont été déterminées, et alors chacun d'eux agit dans la limite des pouvoirs qui lui ont été conférés; ou il n'a rien été exprimé à ce sujet, et alors ils peuvent faire séparément tous les actes d'administration (C. civ., 1857). On peut encore stipuler que l'un des administrateurs ne pourra rien faire sans l'autre; dans ce cas, tant que cette convention n'a pas été rapportée, il est interdit à l'un d'agir en l'absence de l'autre, lors même que celui-ci serait dans l'impossibilité actuelle de concourir aux actes d'administration (C. civ., 1858). Enfin, si l'acte de société n'a pas prévu le mode d'administration, les associés sont censés s'être donné à chacun le pouvoir d'administrer au nom de la société.

85. — Le gérant n'est pas simplement un administrateur ordinaire. La société poursuit un but qui exige souvent plus que des actes de simple administration. Le gérant a qualité pour faire tous les actes dont la nature est conforme au but que la société poursuit. Ainsi, dans une société fondée pour l'achat et la revente d'immeubles, il est évident que le gérant a qualité pour aliéner les immeubles, bien que ce ne soit pas là, dans les cas ordinaires, un acte d'administration.

Il peut recevoir les sommes dues à la société, en donner quittance et consentir la mainlevée des inscriptions qui en garantissaient le paiement. En principe, il ne pourrait donner mainlevée sans recevoir le paiement, à moins cependant qu'à

4

raison des circonstances, cette mainlevée pût être considérée comme un acte d'administration (1).

86. — Lorsque l'acte excède les bornes d'une large administration, le gérant doit prendre l'autorisation des associés. La délibération, dans ce cas, doit être prise à l'unanimité (2).

87. — A la dissolution de la société, il est nécessaire de liquider les droits des associés et de procéder au partage. Ces opérations sont confiées en général à des liquidateurs nommés soit par l'acte de société, soit par une délibération postérieure prise à l'unanimité des voix (3). Le liquidateur est, comme le gérant, le mandataire général de la société, et, comme tel, il peut donner mainlevée des inscriptions garantissant une créance soldée (4). Mais il ne peut, en principe, ni transiger, ni compromettre, ni donner mainlevée d'une inscription relative à une créance non éteinte, à moins qu'il n'ait reçu des associés des pouvoirs spéciaux à cet effet (5).

---

(1) Tel serait le cas où le gérant, appelé à un contrat d'atermoiement, consentirait des remises au débiteur, afin de sauver le reste de la créance (Pothier, 69; Troplong, 689). Toutefois la prudence exige que le conservateur, en pareil cas, attende une décision de la justice, pour peu qu'il reste de doute sur le caractère de l'opération. — La transaction et le compromis peuvent être, dans certains cas et par exception, considérés comme des actes d'administration. Néanmoins on ne saurait rendre le conservateur juge de ces cas exceptionnels, et par conséquent celui-ci devra refuser de rayer, tant qu'on ne lui rapportera pas le consentement de tous les associés ou une décision de justice.

(2) La majorité des associés ne suffit que pour les actes d'administration (Cass., 10 mars 1841; Riom, 21 janv. 1842, Dalloz, v° *Société*, n° 232; Toulouse, 21 juill. 1841, *id.*, n° 494. — V. *J.C.*, 27, 269, 293 et 1757).

(3) Lorsqu'il n'y a pas unanimité, il est nécessaire de s'adresser au tribunal qui nomme lui-même les liquidateurs (C. com., 51; Troplong, n° 1028; Boulanger, n° 267).

(4) C. de Toulouse, 2 août 1861; S.-V., 62.2.33; *J.C.*, 62, 158, 563, 816, 1067, 1631, 1705, 755.

(5) Cass., 15 janv. 1812, D. v° *Art.*, 272; C. Paris, 18 juin 1828, D. v°,

88. — Le gérant ou le liquidateur puisent leur droit à donner mainlevée soit dans l'acte de société, soit dans la délibération ultérieure qui les a nommés ou qui a déterminé leurs pouvoirs. Il faut donc que ces pièces, soit l'une, soit l'autre, quelquefois toutes deux, soient déposées au conservateur. On ne peut poser à cet égard aucune règle bien précise (1).

89. — Par dérogation à la règle ordinaire qui exige que le pouvoir donné à celui qui consent la mainlevée, soit passé dans la forme authentique, on se contente d'un extrait régulier, certifié par le gérant, de l'acte sous seing privé contenant la constitution de la société. La même règle s'applique à la délibération qui renferme le mandat, ou à l'acte de dissolution qui a nommé le liquidateur (2).

Soc. 1057. — Lorsqu'il est stipulé dans un acte de société formée entre deux associés, que la dissolution de la société ayant lieu par la mort de l'un d'eux la liquidation de la société s'opérera par les soins du survivant, qui, à cet effet sera investi des pouvoirs les plus étendus, le survivant, dans ce cas, peut consentir la radiation de toutes inscriptions, avec ou sans paiement, par la raison que le mandat a été donné pour ne recevoir son effet qu'après la mort du mandant, ce qui oblige les héritiers du défunt à le respecter (*J.C.*, 1649).

(1) — V. Boulanger, n° 271 ; Pont, n° 1102. — La représentation du contrat de société est nécessaire, lors même que l'inscription aurait été prise par le gérant qui consent la radiation, et que celui-ci aurait agi, dans les deux formalités, comme ayant la signature sociale. — (Béziers, 23 mai 1837; *J.E.*, 12067; Grenoble, 30 avril 1853, *J.E.*, 15834, n° 2; *Contrà*, C. de Lyon, 6 mars 1845; Grenoble, 21 déc. 1853; *J.C.*, 982).

— La Cour de cassation a décidé que le conservateur ne pouvait exiger la représentation de l'acte de société, lorsque la radiation était consentie par le gérant, *en présence de ses coassociés* (19 août 1845; S.-V. 45.1.707; D.P. 45.1. 357; *J.C.*, 107.

— Jugé que la représentation du contrat de société n'est pas nécessaire, lorsque le gérant agit en vertu d'un bordereau de collocation, délivré, à la suite d'une distribution judiciaire, par le juge commissaire (C. de Dijon, 9 déc. 1842; *J.E.*, 13268, n° 2).

(2) Boulanger, n° 274. Ce procédé est critiqué par M. Baudot, qui exige que l'acte de société soit déposé chez un notaire. — V. Baudot, n°s 968, 969 et 974; *J.C.*, 326.

90. — Lorsque la société a été constituée verbalement, le consentement à radiation doit émaner de tous les intéressés, et, comme rien ne peut les faire connaître d'une manière positive, la radiation doit être ordonnée par le tribunal (1).

91. — Les règles qui viennent d'être développées s'appliquent aux sociétés commerciales comme aux sociétés civiles. Il y a trois espèces de sociétés commerciales : 1° la société en nom collectif; 2° la société en commandite; 3° et la société anonyme.

La société en nom collectif n'a rien qui la distingue, dans la matière qui nous occupe, des sociétés civiles.

92. — La société en commandite se subdivise en société en commandite simple et en société en commandite par actions. Dans la première, tous les pouvoirs d'administration et même de disposition sont concentrés sur la tête des commandités, attendu qu'il est formellement interdit aux commanditaires de s'ingérer dans les affaires sociales (C. com., art. 27).

Il en résulte que s'il y a plusieurs commandités, l'administration se divisera entre eux ou sera réunie sur une seule tête, selon ce qui aura été décidé par le statut social. On devra suivre à leur égard les mêmes règles qu'à l'égard des associés en nom collectif (Voy. *suprà*, nos 84 et suivants).

S'il n'y a qu'un seul commandité, il sera maître absolu de l'avoir social et pourra dès lors consentir, même sans paiement, à la radiation de toutes les inscriptions requises sous la raison sociale (2).

93. — En cas de commandite par actions, c'est non plus seulement les gérants, mais l'assemblée générale des action-

---

(1) *J.C.*, 93.
(2) *J.C.*, art. 101.

naires qui représentent la société. Les gérants n'ont que les pouvoirs d'administration ordinaires, et c'est à l'assemblée générale régulièrement constituée que revient le droit de consentir tous les actes qui excèdent les bornes de l'administration, tels que les mainlevées d'inscriptions relatives à des créances non éteintes (1).

94. — Les mêmes règles s'appliquent à la société anonyme. Les actes d'administration, tels que les mainlevées consenties à la suite de paiement, sont de la compétence du gérant, tandis que les actes de disposition, tels qu'une renonciation pure et simple à une inscription dont les causes subsistent, ne peuvent être consentis que par l'assemblée générale, à moins cependant que les statuts n'en aient ordonné autrement.

95. — L'art. 42 du C. com. soumet à la publication, sous peine de nullité, les actes portant constitution de sociétés commerciales. Doivent être publiés aussi les actes contenant des modifications au pacte social et les actes de dissolution (C. com., 46); mais les nullités que la loi prononce ne sont pas opposables au conservateur, qui, par conséquent, n'a pas intérêt à s'assurer que les formalités prescrites ont été remplies (2). Il n'est donc pas fondé à exiger qu'on lui justifie de l'accomplissement desdites formalités.

---

(1) Boulanger, n° 281; Cass., 21 avril 1841, *J.N.*, 10974. — *Conf.*, Pardessus, t. 4, n° 889; Duvergier, *soc.*, 227; Troplong, 724.

(2) Seine, 29 avril 1859; *J.N.*, 16561; *J.E.*, 16997; Cass., 16 mars 1859; *J.N.*, 16586; D.P., 60.1.339; *J.C.*, 93, 1436, 1541. — *Contrà*, Amiens, 31 déc. 1851; S.-V., 52.2.128; *J.C.*, 745.

— Le gérant, qui requiert une radiation, n'est pas obligé de justifier au conservateur que la société n'était pas dissoute, ou n'avait reçu aucune modification au moment de la mainlevée. (C. de Dijon, 9 déc. 1842; *J.E.*, 15268, § 2; C. de Caen, 15 juill. 1850; Cass., 7 janv. 1852; *J.C.*, 757; Seine, 29 avril 1859, *J.N.*, 16561).

96. — Les sociétés en commandite par actions et les sociétés anonymes ont été soumises, pour leur constitution, par les lois du 23 juillet 1856 et du 24 juillet 1867, à diverses formalités dont l'inaccomplissement entraîne la nullité du pacte social. La nullité est ici, à la différence de ce qui a lieu pour le défaut de publication, générale et absolue. Il en résulte que le conservateur, lorsqu'on lui présente une mainlevée consentie par le gérant d'une société de cette nature, et dont les pouvoirs sont nécessairement subordonnés à la validité de la société, doit s'assurer, dans la limite du possible, que les formalités prescrites ont été accomplies (1).

97. — Il existe une dernière nature de sociétés, la société en participation. Le caractère distinctif de cette société est que la société reste occulte, et que, vis-à-vis des tiers, le gérant est le seul représentant des intérêts sociaux. Le participant reste dans l'ombre et n'a pas le droit de critiquer les actes passés par le gérant avec les tiers. Il n'a droit qu'à une reddition de compte. Il en résulte, en ce qui concerne les radiations, que la mainlevée sera valablement consentie, dans tous les cas, par le gérant, que la créance ait été ou non remboursée (2).

CHAPITRE X.

DES SUCCESSIONS.

98. — Les héritiers qui recueillent une créance hypothé-

---

(1) On se contente en général du dépôt :

1° Du contrat de société qui indique que le capital a été divisé selon le vœu de la loi (art. 1er, loi du 24 juillet 1867);

2° De la déclaration notariée du gérant faisant connaître que la souscription de la totalité des actions et le versement du quart ont eu lieu avant la constitution de l'entreprise (art. 1er, loi précitée);

3° Enfin des délibérations relatives à l'évaluation des apports ou avantages, et à la nomination du conseil de surveillance. — Voy. Boulanger,

(2) Voy. Boulanger, 292; *J.C.*, 1318.

caire dans la succession de leur auteur ont évidemment le droit de donner mainlevée de l'inscription relative à cette créance. Mais il est évident aussi qu'ils doivent justifier du fait qui a transmis la créance sur leurs têtes, en un mot de leur qualité d'héritiers. Ils le feront en produisant soit l'intitulé de l'inventaire, s'il y en a eu un, soit un extrait du partage, enfin, s'il n'est intervenu aucun acte de cette nature entre les héritiers, ils déposeront au conservateur un acte de notoriété faisant connaître leurs droits.

99. — Tous les héritiers ont un droit égal à l'inscription. Il en résulte que le consentement de chacun d'eux est nécessaire pour obtenir la radiation (1).

100. — Lorsqu'il est intervenu un partage entre les héritiers, le droit de disposer de la créance et de donner mainlevée de l'inscription appartient exclusivement à l'héritier dans le lot duquel cette créance a été placée. La radiation

---

(1) Cependant, comme la créance se divise de plein droit entre les héritiers, rien n'empêche l'un d'eux de recevoir la part qui lui revient, et de consentir, en ce qui concerne cette part, la mainlevée de l'inscription. Toutefois, dans ce cas, le conservateur devra se borner à inscrire en marge de l'inscription qu'elle demeure sans effet à l'égard de l'héritier qui a été payé et jusqu'à concurrence du paiement effectué. — Cass., 20 déc. 1848; D. P., 49.1.81 ; *J.C.*, 471, 1812.

L'inscription garantissant une créance héréditaire ne peut être rayée que du consentement de tous les héritiers, lors même qu'elle aurait été requise ou renouvelée par un seul d'entre eux (Cass., 17 mars 1852 ; D. P., 52.1.116 ; *J.C.*, 171, 471, 847, 1472, 1812), à moins que le bordereau n'en ait limité expressément l'effet à la personne du requérant, ou que rien n'indique dans l'inscription qu'il s'agit d'une créance héréditaire. — Cass., 25 janv. 1853; *D. N.*, v° *Insc.* 499; — Agen, 22 janv. 1861 ; *J.E.*, 17.433; — Boulanger, n°s 297 et 298; *Conf.*, *J.C.*, n°s 176 et 907, 2566.

Il est possible que la créance inscrite au nom du défunt dépende de la communauté ayant existé entre lui et sa veuve. Néanmoins, tant que rien, dans l'inscription, ne vient le démontrer au conservateur, il n'est pas fondé à exiger qu'on lui justifie que la veuve n'a aucun droit à la créance ou qu'on lui rapporte son consentement. — *J. N.*, 16568; Boulanger, n° 299.

devra donc être opérée sur la mainlevée donnée par lui, à laquelle on joindra l'expédition de l'acte sur lequel son droit est fondé, c'est-à-dire de l'acte de partage (1). Il est évident qu'il appartient au conservateur, en pareil cas, d'apprécier si le partage est régulier et définitif. S'il s'agit d'un partage judiciaire, il ne devra donc rayer qu'autant que le partage aura été dûment homologué par un jugement passé en force de chose jugée (2).

101. — Lorsqu'une inscription a été prise par le créancier de l'un des héritiers sur un immeuble héréditaire, appartenant indivisément à tous les héritiers, et qu'ultérieurement le partage place cet immeuble dans le lot d'un héritier autre que le débiteur, la rétroactivité attachée au partage par l'art. 883 du Code civil a pour effet de faire évanouir le droit hypothécaire du créancier. Néanmoins le conservateur, dans ce cas, ne doit pas se départir de la règle tracée par les art. 2158 et 2160 du Code civil, d'après laquelle les inscriptions ne peuvent être rayées que du consentement des intéressés

---

(1) L'acte de partage doit être passé dans la forme authentique (Arg. de l'art. 2152 C. civ.; — Inst. gén. de la Régie, n° 123).

Le conservateur devrait cependant se contenter d'un partage sous seing privé déposé dans l'étude d'un notaire. Ainsi que le fait remarquer M. Boulanger, n° 301, « l'authenticité n'est point exigée ici, comme pour le consentement à ra« diation, à peine de nullité. Il suffit que le partage ait une autorité de créance « suffisante pour rassurer le conservateur, et il nous semble que le dépôt par les « parties la lui confère complétement. »

(2) Le conservateur devra donc exiger le dépôt du certificat prescrit par l'art. 548, constatant que les significations ont été faites et qu'il n'y a pas eu d'appel, à moins toutefois qu'il ne soit justifié que toutes les parties intéressées ont acquiescé au jugement d'homologation. — (C. de Paris, 15 juin 1837; 10 août 1838; 23 juillet 1840; S.-V., 38.2.424 et 425; 40.2.375; — *J.C.*, 23. 495 et 879).

Le partage amiable intervenu entre des héritiers majeurs et des mineurs représentés par leurs tuteurs est *provisionnel et conditionnel*. Dès lors, le conservateur doit refuser la radiation de l'inscription relative à une créance héréditaire, sur le consentement donné seulement par l'héritier dans le lot duquel la créance a été placée (C. civ., art. 466 et 844; *J.C.*, 1858).

ou en vertu d'un jugement passé en force de chose jugée. Il ne devra donc opérer la radiation que sur la mainlevée donnée par le créancier (1).

102. — L'héritier bénéficiaire est propriétaire des biens héréditaires au même titre que l'héritier pur et simple. Il doit seulement compte aux créanciers de toutes les valeurs successorales, et il est soumis pour cela à certaines règles dont la violation entraîne la perte pour lui du bénéfice d'inventaire. De tout ceci, il résulte qu'il peut disposer d'une manière absolue d'une inscription relative à une créance de la succession. Car, ou son acte ne sera qu'un acte d'administration, et alors il est opposable aux créanciers de la succession, ou c'est un acte de maître, et, dans ce cas, son seul effet est de rendre son auteur héritier pur et simple et, par conséquent, de lui conférer pleine capacité pour disposer de tous les droits ayant appartenu au défunt (2).

---

(1) Le partage peut en effet être annulé ultérieurement, et le conservateur pourrait être dans ce cas, rendu responsable d'une radiation effectuée en dehors des conditions prévues par la loi. — Angers, 9 fév. 1827; D. P., 28.2.4; — Paris, 18 janv. 1845; *Contr.*, 7048; 7 août 1845; *Contr.*, 7384; — Rouen, 7 janv. 1848; D. P., 48.2.139; Paris, 17 nov. 1855; D. P., 56.2.272; 22 fév. 1859; D. P., 59.2.76; *J.C.*, 712; *Rés. de Jur.*, Hervieu, *Radiation*, n° 56; — *Contrà*, Vendôme, 30 déc. 1854; *J.C.*, 1092; Fontainebleau, 18 juin 1857; D. P., 59.2.76.

(2) Paris, 30 juill. 1850, D. P., 51.2.116; *J.N.*, 14114; *D. du not.*, n° 33, v° *Mainlevée*; *J.N.*, 9023; *Conf.*, *J.C.*, 505, 1006.

L'héritier bénéficiaire peut recevoir de l'acquéreur des biens de la succession le prix de son acquisition et donner mainlevée de l'inscription d'office, même dans le cas où un ordre a été ouvert. Les droits des créanciers inscrits sur l'immeuble vendu sont garantis en effet non par l'inscription d'office, mais par leurs propres inscriptions, auxquelles la radiation de l'inscription d'office ne peut porter par conséquent aucun préjudice. — Voy. *Rés. de Jur.*, Hervieu, *Radiation*, n° 55.

Mais l'héritier bénéficiaire ne pourrait consentir la radiation de l'inscription d'office, s'il était lui-même acquéreur de l'immeuble grevé par cette inscription.

Il faudrait, dans ce cas, obtenir, soit le consentement des autres succes-

103. — Le curateur à une succession vacante en est l'administrateur, et, en cette qualité, il a tous pouvoirs pour recouvrer les capitaux dépendant de la succession; dès lors, il a toute capacité, quand il touche un capital, pour libérer le débiteur et donner mainlevée de l'inscription prise contre lui (1). Il pourra donc obtenir la radiation de l'inscription en déposant avec l'acte de quittance et de mainlevée, une expédition du jugement qui l'a nommé. — C. civ., art. 811 à 814.

104. — Les légataires qui recueillent une créance garantie par une inscription doivent, lorsqu'ils veulent donner mainlevée, justifier de la régularité du titre qui leur a transmis la créance et qui les a mis en possession. La loi a divisé les légataires en trois classes: 1° les légataires universels; 2° les légataires à titre universel; 3° et les légataires particuliers.

105. — Le légataire universel, pour être régulièrement saisi, doit avoir accompli les formalités suivantes :

Si le testament est authentique, il suffira qu'il demande la délivrance aux héritiers à réserve, s'il y en a (C. civ., 1004). Dans le cas contraire, il est saisi de plein droit de l'hérédité.

Si le testament est olographe ou mystique, il doit être, avant d'être mis à exécution, présenté au président du tribunal, qui dresse procès-verbal de la présentation, de l'ouverture et de l'état du testament, et en ordonne le dépôt entre les mains du

---

seurs, s'il y en a, soit un jugement ordonnant la radiation. — Boulanger, n° 311.

(1) Magnin, *Traité de la Minorité*, n°s 302 et suiv.; — Duranton, *idem*, n°s 43 et suiv.; *J.C.*, 1391, 2547.

Aux termes de l'art. 813, C. civ., le curateur est obligé de verser immédiatement les sommes qu'il reçoit à la caisse du receveur de l'enregistrement. Mais cette obligation n'est pas opposable au débiteur, et n'a jamais été considérée comme une condition de validité du paiement. Il en résulte que le conservateur n'a pas le droit d'exiger qu'on lui justifie de ce versement. — Boulanger, n° 312 *bis*.

notaire par lui commis (C. civ. 1007) (1). En outre, s'il y a pas d'héritiers à réserve, auxquels le légataire puisse demander la délivrance, ce dernier est tenu de se faire envoyer en possession par une ordonnance du président, mise au bas d'une requête à laquelle est joint l'acte de dépôt.— C. civ., 1008 (2).

106. — A la différence des légataires universels, les légataires à titre universel et les légataires particuliers sont toujours tenus de demander la délivrance. Ils la demandent soit aux héritiers réservataires, s'il y en a, soit, à leur défaut, aux légataires universels, et, à défaut de ceux-ci, aux héritiers appelés dans l'ordre établi au titre des *Successions* (C. civ., 1011) (3).

---

(1) Cette formalité peut être suppléée soit par le consentement de tous les héritiers légitimes du défunt à l'exécution du testament qui les dépouille (Cass., 16 nov. 1836; Dalloz, *J.G.*, v° *Disp. test.*, n° 2561), soit par l'ordonnance d'envoi en possession que le légataire est tenu de demander, en vertu de l'art. 1008, lorsqu'il n'existe pas d'héritiers à réserve. (C. de Toulouse, 9 août 1844, et Poitiers, 11 août 1846; Dalloz, v° *Disp. test.*, n°s 2780 et 2781).

(2) La question de savoir si l'ordonnance est susceptible d'appel ou d'opposition, est très-controversée. Dans l'état de la jurisprudence, le conservateur fera bien d'exiger le dépôt du certificat prescrit par l'art. 548, C. proc., ou un acquiescement de tous les héritiers légitimes— *J.C.*, 619; Boulanger, n° 323;— *Contrà*, Seine, 7 août 1859; *J.N.*, 16889.

— L'ordonnance du président ne pourrait être suppléée par celle qui aurait été rendue par un juge étranger. — Cass., 9 mars 1853, S.-V., 53.1.269.

(3) M. Boulanger énumère les pièces à produire au conservateur de la manière suivante : « Voici, en résumé, quelles sont les pièces à produire à l'appui « de la mainlevée du légataire universel; il sera facile d'en extraire ce qui con- « cerne le légataire à titre universel et le légataire particulier : 1° *le testament* « *est authentique* : on déposera l'expédition du testament, et celle de l'acte de « notoriété établissant s'il y a ou non des réservataires. S'il n'en existe pas, les « deux pièces précédentes suffisent pour rayer; mais, au cas contraire, il faut « encore ajouter l'expédition de l'acte ou du jugement de délivrance de legs, et « celle du consentement à donner par les réservataires pour leur fraction de « copropriété, si la créance n'est pas totalement attribuée au légataire par le « testament; 2° *le testament est olographe ou mystique* : on produira l'expédition « du testament délivrée par le notaire dépositaire, et la preuve de l'accomplis-

107. — Le défunt peut nommer un exécuteur testamentaire chargé d'assurer l'exécution de ses dernières volontés (C. civ., 1025). Cette nomination ne peut avoir lieu que dans un acte revêtu de toutes les formalités prescrites pour les dispositions testamentaires (1).

Les pouvoirs conférés ainsi par le testament sont personnels à l'exécuteur testamentaire et ne passent pas à ses héritiers (art. 1032, C. civ.). Il faut du reste, pour accepter cette mission, être capable de s'obliger (C. civ., 1028). Le mineur ne peut donc être exécuteur testamentaire, même avec l'autorisation de son tuteur ou curateur (art. 1030). Quant à la femme mariée, elle ne peut accepter cette fonction qu'avec l'autorisation de son mari. Dans le cas seulement où elle est séparée de biens, elle peut se faire autoriser par justice. (C. civ., 1029) (2).

Il peut être nommé plusieurs exécuteurs testamentaires. Si le défunt n'a pas divisé leurs fonctions, ils ont chacun qualité pour agir, même à défaut des autres, dans la limite du mandat qui leur a été conféré (C. civ., 1033).

L'exécuteur testamentaire est chargé, avons-nous dit, d'assurer l'exécution des dernières volontés du testateur. Si celui-

---

« sement des formalités de l'art. 1007 du C. civ. Cette preuve résultera de *l'une* « des trois pièces suivantes : 1° expédition délivrée par le greffier de l'ordon- « nance de dépôt; 2° expédition du consentement à l'exécution du testament, « émané de tous les héritiers appelés à la succession, avec l'expédition de l'acte « de notoriété les faisant connaître; 3° expédition du jugement ou de l'ordon- « nance déclarant le testament exécutoire, notamment (pour le légataire uni- « versel seul) de l'ordonnance d'envoi en possession de l'art. 1008, C. civ. — « S'il n'y a pas de réservataires, on déposera l'expédition de l'ordonnance « d'envoi en possession de l'art. 1008, appuyée des certificats établissant qu'elle « ne peut plus être attaquée par la voie de l'opposition ou de l'appel. » — Boulanger, n° 326; *Dict. du not.*, v° *Mainlevée*, n° 90, et *Certif. de prop.*, tabl., § 8.

(1) Coin-Delisle, *Donat. et Test.*, chap. 5, sect. 7, n° 6; Zachariæ, t. 5, p. 389; Marcadé sur l'art. 1025.

(2) Cette faculté lui est également reconnue, lorsqu'elle a des paraphernaux. — Troplong, n° 2015.

ci ne lui a pas conféré la saisine, son rôle sera un rôle de pure surveillance (C. civ., 1026).

Dans le cas contraire, il a qualité pour réaliser les valeurs de la succession, toucher les capitaux, vendre le mobilier, à défaut de deniers suffisants pour acquitter les legs. Il pourra donc, en libérant les débiteurs, donner mainlevée des inscriptions relatives aux créances dont il aura reçu le paiement (1). Il va de soi qu'il ne pourra consentir aucune mainlevée, qui ne sera pas la conséquence du paiement de la créance (2).

L'exécuteur testamentaire devra, pour obtenir une radiation, justifier du titre qui l'a nommé, en déposant une expédition du testament, et en fournissant la preuve, si le testament est olographe ou mystique, que les formalités prescrites par l'art. 1007, C. civ., ont été accomplies. En outre, si c'est une femme mariée, elle devra établir sa capacité à accepter la fonction qui lui a été confiée.

108. — L'héritier *grevé de substitution* au profit des enfants nés ou à naître peut-il, sans le concours du tuteur nommé à l'exécution de la substitution, consentir la radiation d'une inscription prise par l'auteur de la succession ou par le grevé pour raison des sommes dont il est tenu de faire emploi ?

L'héritier *grevé de substitution* est, d'après la loi, propriétaire pendant sa jouissance, et, jusqu'à l'ouverture du fidéi-

---

(1) Quelque soit l'usage qui sera fait des deniers recouvrés, les débiteurs sont valablement libérés, et par conséquent le conservateur n'a pas à s'inquiéter de l'emploi des sommes touchées, pour obéir à un ordre de radiation. — Agen, 17 avril 1807; Cass., 27 mars 1827; Dalloz, v° *Disp. test.*, n° 4092.

(2) La saisine peut s'étendre aux immeubles, en vertu d'une clause expresse du testament. Dans ce cas, l'exécuteur testamentaire, pouvant vendre les immeubles, afin de payer les legs, a qualité par là même pour recevoir le prix et donner mainlevée de l'inscription d'office prise contre les acquéreurs. — Troplong, n° 2026; Douai, 26 août 1847; D.P., 47.2.109; Cass., 8 août 1848, D.P., 48.1. 188; *Contrà*, *J.E.*, 15589; *Conf.*, *J.C.*, 1178.

commis, sa position est celle de tout propriétaire sous condition résolutoire. Il est nécessairement investi de toutes les actions, tant actives que passives; c'est à lui de faire et de recevoir tous les paiements qui concernent l'hérédité ou qui entrent dans la substitution, même les remboursements de rentes, et les débiteurs se libèrent valablement entre ses mains, quoique payant hors la présence du tuteur à la substitution (1).

Si les art. 1066 et 1068 obligent le grevé à faire emploi des deniers recouvrés, et ce dans les trois mois de leur réception, c'est là une obligation inopposable aux tiers, dont l'effet se restreint aux rapports du grevé avec le tuteur à la substitution.

Ainsi donc l'héritier grevé de substitution est un mandataire préposé par la loi pour gérer et administrer les biens qui entrent dans la substitution, et ce jusqu'au jour de l'ouverture du fidéicommis. Son mandat lui permet de toucher seul les capitaux mobiliers; dès lors, il a qualité suffisante, en recevant les créances comprises dans la substitution, pour donner sans le concours des héritiers ou du tuteur, mainlevée des inscriptions prises contre les débiteurs qui se libèrent, et le conservateur ne peut se refuser à la radiation des inscriptions, lorsqu'il lui est justifié que les causes en son éteintes.

Mais le grevé ne peut donner mainlevée, sans recevoir le montant de la créance garantie par l'inscription (2).

---

(1) C. civ., art. 1066; Merlin, *Rép.*, v° *Substitution fidéicommissaire*, sect. 12, § 1er, n° 2; Grenier, *Donation*, t. 1, n° 365; Duranton, t. 9, n° 585.

(2) *Rés. de jur.*, Hervieu, *Radiation*, n° 53; *J.C.*, 149, 173, 598.

— La vente d'immeubles faite par le grevé est résoluble. Néanmoins, celui-ci peut valablement donner mainlevée de l'inscription d'office prise contre l'acquéreur. La radiation en effet ne compromettra en rien le droit des appelés, qui auront toujours la faculté ou de ratifier la vente et, par suite, la mainlevée qui a été donnée par le grevé, ou de faire résoudre la vente et d'évincer les acquéreurs.

— Boulanger, n° 337.

CHAPITRE XI.

DE L'USUFRUIT ET DES RENTES VIAGÈRES.

109. — L'usufruit est un démembrement du droit de propriété. L'usufruitier et le nu propriétaire ont donc des droits distincts, qui existent parallèlement et ne se confondent pas, tant que subsiste la cause qui a amené le démembrement de la propriété. Il en résulte que quand ces droits ont pour objet une créance, chacun des ayants droit peut s'inscrire séparément pour la garantie de ce qui lui est dû. Chaque inscription profite alors à celui qui l'a prise, et il n'est pas douteux que la mainlevée puisse en être consentie par l'usufruitier et le nu propriétaire, chacun pour la part qui le concerne.

110. — L'usufruitier n'a que le droit de jouir de la chose soumise à son usufruit, à la charge de la conserver et de la rendre à l'expiration de sa jouissance. Il en résulte qu'il est incapable, en règle générale, de disposer de l'inscription qui garantit le remboursement d'une créance. Cependant le débiteur peut avoir à se libérer, pendant la durée de l'usufruit, soit que la créance arrive à terme, soit que le terme ayant été stipulé en sa faveur, il veuille s'acquitter par anticipation.

— Les actes de disposition, tels qu'un transport de créance, une transaction, sont interdits au grevé. Il en résulte que le cessionnaire d'une créance comprise dans la substitution, n'ayant qu'un droit résoluble, ne pourrait valablement donner mainlevée de l'inscription relative à cette créance. — *J.C.*, 173.

— Lorsque le grevé compromet par ses actes la charge de rendre, le tuteur à la substitution peut obtenir contre lui des hypothèques judiciaires. Les inscriptions, une fois prises, ne peuvent plus être rayées qu'en vertu d'un jugement obtenu par le grevé à l'encontre du tuteur, à moins que les obligations qui y ont donné lieu n'aient été remplies par le grevé, auquel cas le tuteur à la substitution peut valablement donner mainlevée. Mais, pour que le conservateur obéisse à l'ordre de radiation, la mainlevée doit constater l'accomplissement desdites obligations. — Boulanger, nº 343.

Dans ce cas, la créance est remplacée par de l'argent, c'est-à-dire par une chose fongible, dont l'usufruitier a la disposition, aux termes de l'art. 587. Ce dernier pourra donc, en touchant la somme des mains du débiteur, lui donner bonne et valable quittance et, par conséquent, consentir à la radiation de l'inscription (1).

Mais cette faculté est subordonnée à la condition que l'usufruitier ait été mis régulièrement en possession de son droit. D'après l'art. 601, C. civ., l'usufruitier est tenu de fournir caution, faute de quoi les sommes comprises dans l'usufruit sont placées sur la tête du nu propriétaire pour le capital, et sur celle de l'usufruitier pour les intérêts. Il faudra donc, pour que le conservateur soit tenu de rayer, qu'on lui rapporte l'acte de cautionnement, ou qu'on justifie du placement de la somme effectué du consentement du nu propriétaire (2).

Toutefois ces justifications ne sont pas nécessaires, lorsque l'usufruitier a été formellement dispensé par son titre de fournir caution, ni s'il s'agit de l'usufruit légal ou de l'usufruit réservé par le vendeur ou le donateur (C. civ., 601).

---

(1) Cass., 17 mai 1843, S.-V., 43.1.481 ; C. de Limoges, 8 août 1843, S.-V. 44.2.161 ; C. de Bordeaux, 19 avril 1847 ; S.-V., 48.2.183, *J.C.*, 489, 910. — Nous pensons que le droit de consentir la radiation devrait être refusé à l'usufruitier, si la créance n'était pas exigible et si le terme n'avait pas été stipulé dans l'intérêt exclusif du débiteur. — V. *J.C.*, 2909 et 2917.

(2) V. les autorités citées plus haut; — Bordeaux, 9 avril 1845, D.P., 46.2. 193, *J.N.*, 12474. L'art. 600 exige aussi que l'usufruitier fasse inventaire. Mais hors le cas d'usufruit légal, où le défaut d'inventaire est une cause de déchéance (C. civ., 1442), il est admis que cette obligation n'est pas imposée, à peine de privation de son droit pour l'usufruitier, et par conséquent le conservateur n'a pas à se faire justifier de l'accomplissement de cette formalité. — Grenoble, 27 mars 1824; D.P., 25.2.75; Angers, 7 mai 1834, D.P., 35.2.75; Cass., 23 fév. 1836, Dev., 36-1.773; 31 mars 1858; 17 juill. 1861; D.P., 58.1.194; 61.1.480. — Pour le cas d'usufruit légal, v. Douai, 15 nov. 1833, D.P., 34.2.128; *J.C.*, 2902.

Les mêmes règles s'appliquent au cas de remboursement de rentes comprises dans l'usufruit (1).

Il va de soi qu'il ne peut renoncer gratuitement à une inscription relative à une créance soumise à son usufruit. De même, il ne peut céder cette créance, et par conséquent le cessionnaire serait sans droit pour recevoir et donner mainlevée (2).

110 *bis*. — Il peut arriver, par suite de circonstances particulières, qu'il y ait nécessité de procéder à la vente d'immeubles soumis à son usufruit : l'usufruitier, encore bien que son titre le dispense de donner caution, n'a pas le droit d'exiger que le prix lui soit versé. Il n'a droit qu'aux intérêts de ce prix, qui est la représentation de l'immeuble.

Dès lors, si l'acquéreur paie son prix entre les mains de l'usufruitier, le conservateur doit refuser la radiation de l'inscription d'office, consentie par l'usufruitier en dehors du nu propriétaire (3).

111. — L'usufruit, constituant un droit réel, peut être grevé d'hypothèques par l'usufruitier. Mais ces hypothèques s'évanouissent de plein droit à l'expiration de l'usufruit. Néanmoins le conservateur ne devra jamais rayer les inscriptions existant sur l'immeuble du chef de l'usufruitier, que du consentement du créancier ou en vertu d'un jugement passé en force de chose jugée, et cela lors même qu'il serait bien établi que l'usufruit a cessé. C'est là une règle générale dont il ne doit jamais se départir (4).

---

(1) Bordeaux, 9 avril 1845, D.P., 46.2.193; *J.C.*, 910.

(2) Bordeaux, 19 avril 1847, Sirey 48, 2e partie, p. 183; *Conf. J.C.*, 489 et 910.

(3) Bourges, 10 déc. 1832; C. de Lyon, 15 janv. 1836, S.-V., 33.2.684; 36.2.230; D.P., 36.2.132; *Sic*, Proudhon, t. 2, nos 863 et suivants; *J.C.*, 489, 910, 1343.

(4) Boulanger, n° 352.

111 *bis*. — La rente viagère, comme l'usufruit, s'éteint par la mort du crédi-rentier. Les héritiers succèdent toutefois aux arrérages échus et non payés, à moins que dans l'acte constitutif il ait été stipulé que les arrérages échus au décès seraient acquis au débiteur. Quoi qu'il en soit, ce sont les héritiers du créancier qui, en principe, ont le droit, en justifiant de leur qualité, de consentir à la radiation de l'inscription prise pour raison d'une rente viagère (1).

Il en serait autrement si le défunt avait déclaré expressément au contrat de constitution que l'inscription serait rayée sur la simple justification de son décès. Cette déclaration équivaut à une mainlevée conditionnelle, et comme elle émane du créancier, le conservateur doit y obéir dès l'instant qu'on lui justifie que la condition est accomplie. Il suffira donc dans ce cas, pour obtenir la radiation, de déposer une expédition en forme de l'acte de décès et du contrat de rente (2).

CHAPITRE XII.

DE L'INSCRIPTION D'OFFICE.

112. — Celui qui vend un immeuble a de plein droit, pour garantir le paiement du prix, un privilége et une action résolutoire. Ces deux garanties sont acquises au vendeur par le seul fait de la transcription de la vente (C. civ., art. 2108). Néanmoins le conservateur est tenu, dans l'intérêt des tiers,

---

(1) *J.E.*, 2609; Baudot, n° 942; Grenier, 529; *Res. de jur.*, Hervieu, *Radiation*, n° 72.

(2) Baudot, 942; Hervieu, *loc. cit.*; *J.E.*, 10887. D'après Hervieu, il en est de même lorsqu'il a été déclaré dans l'acte de constitution de rente que les arrérages échus au décès seraient acquis au débiteur (*J.C.*, 1048). Cette opinion est combattue par M. Boulanger, qui exige en outre le consentement des héritiers. *Boulanger*, n° 357.

de rendre public le droit du vendeur, au moyen d'une inscription qu'on a appelée pour cela inscription d'office. Faute de ce faire, il peut être rendu responsable vis-à-vis des tiers qui, en l'absence de toute inscription, sont fondés à croire que l'immeuble est entièrement libre de toute hypothèque ou autre droit venant du vendeur. Il en résulte que le conservateur est seul juge de l'utilité du maintien ou de la radiation de cette inscription. En vain le vendeur en donne-t-il mainlevée ; comme son droit subsiste par le seul fait de la transcription, le conservateur ne peut être tenu d'obéir à un ordre dont l'exécution, sans diminuer les droits du vendeur, ne ferait que compromettre sa propre responsabilité. Il faut donc, pour que le conservateur se dispense de prendre inscription, ou opère la radiation de l'inscription qu'il a prise, qu'on lui justifie de l'extinction absolue des droits du vendeur, c'est-à-dire du privilége et de l'action résolutoire.

112 *bis*. — Cette extinction résultera, soit du paiement intégral du prix, soit de la renonciation expresse du vendeur au privilége et à l'action résolutoire (1).

---

(1) C. de Dijon, 17 juill. 1839, S.-V., 40.2.71 ; C. de Paris, 6 déc. 1842; Cass., 24 juin 1844, S.-V., 44.1.598 ; *J.C.*, 28, 181, 1731, 1864, 2422. — La quittance du prix doit être donnée dans la forme authentique (D.N. v° *Insc.*, 581 ; *J.N.*, 2584), ou, si elle est sous seing privé, avoir été déposée chez un notaire (Baudot, 669).

Lorsque le prix est réglé en effets de commerce, ou en valeurs à satisfaction, ou au moyen d'une créance sur un tiers, l'extinction du privilége et de l'action résolutoire n'a lieu que si les parties ont formellement exprimé l'intention de nover la créance résultant de la vente. Dans le cas contraire, le conservateur doit prendre l'inscription d'office. — C. civ., 1278 ; Cass., 4 déc. 1823 ; 15 mars 1825 ; D. A. 9.100 ; S.-V., 26.1.61 ; C. de Paris, 20 juill. 1831 ; C. de Limoges, 4 fév. 1837 ; C. de Lyon, 9 mars 1858 ; S.-V., 32.2.229 ; 37.2.297 ; 58.2.523 ; *J.C.*, 189, 1313, 2707, 2765, 2780 et 2796. — *Conf. J.C.*, 1651, 1738 ; *Rés. de jur.*, Hervieu, *Insc. d'off.*, n° 30. — L'acquéreur est libéré, et par conséquent l'inscription ne doit pas être prise lorsque ce prix est compensé avec une créance de l'acquéreur contre le vendeur. — *Rés. de jur.*, *loc. cit.*, n° 33. — Rien n'em-

113. — L'inscription d'office, comme toutes les inscriptions, est soumise au renouvellement décennal prescrit par l'art. 2154 C. civ. (1). Toutefois ce n'est pas le conservateur, mais le vendeur lui-même, qui est chargé du renouvellement. Ce renouvellement conserve à l'inscription primitive le caractère et les effets qu'elle avait dès le principe, c'est-à-dire que l'inscription est, comme par le passé, destinée à avertir les tiers du danger d'éviction qui pèse sur l'immeuble. Car il est admis que le privilége et l'action résolutoire continuent d'appartenir au vendeur, nonobstant le défaut de renouvellement (2). Il en résulte que l'inscription ainsi renouvelée ne peut être rayée, comme l'inscription primitive, que si le prix a été payé ou si le vendeur a renoncé expressément à son privilége et à l'action résolutoire (3).

113 *bis*. — Les créanciers auxquels le vendeur a délégué le prix de vente, sont ou des cessionnaires mis au lieu et place

---

pêche le vendeur de renoncer à son privilége tout en réservant l'hypothèque. Mais il faut admettre que, quand cette réserve n'est pas formellement exprimée, le vendeur qui renonce à son privilége doit être présumé avoir voulu par là même abandonner son droit d'hypothèque. — Persil, 2108, n° 14 ; Boulanger, n° 373.

— De même la renonciation au privilége emporte renonciation à l'action résolutoire (art. 7, loi du 23 mars 1855). Le vendeur peut d'ailleurs réserver cette action résolutoire, tout en renonçant au privilége ; mais il faut que cette réserve soit expresse. Dans ce cas, l'inscription doit subsister pour conserver le droit que le vendeur s'est réservé. — Boulanger, n° 375 ; *J.C.*, 1146.

— Une simple mention mise par le notaire à la suite de l'acte de vente, et énonçant que le prix a été soldé, ne dispense pas le conservateur de prendre l'inscription d'office, laquelle doit subsister tant qu'on ne rapporte pas une quittance authentique du prix.—Persil, *Reg. hyp.*, t. 1, p. 216, n° 14.

— Lorsque le prix, dûment quittancé par le vendeur, est laissé par lui entre les mains du notaire pour être payé aux créanciers inscrits, il n'y a pas lieu de prendre l'inscription d'office. — *J.C.*, 2448.

(1) Avis du Cons. d'État du 15 déc. 1807 ; 22 janv. 1808 ; Cass., 20 déc. 1831, D.N., v° *Insc.*, 440 et suiv.

(2) Cass., 23 déc. 1845, D.P. 46.1.380.

(3) Cass., 24 juin 1844, Sirey, 44.1.598 ; *J.C.*, 28 ; V. aussi Cass., 3 fév. 1819 et 22 fév. 1825 ; D.P., 25.1.55.

du vendeur et ayant les mêmes droits que lui (délégation parfaite), ou tout au moins des mandataires, chargés de recevoir le prix et de donner quittance à l'acquéreur (délégation imparfaite).

Dès lors, puisque l'inscription d'office n'a plus raison de subsister dès que le prix est valablement payé, il en résulte que les délégataires ont capacité pour obtenir la radiation de l'inscription, en faisant les justifications prescrites au conservateur (1).

114. — Aux termes de l'art. 2108, le privilége et l'action résolutoire peuvent naître directement au profit des bailleurs de fonds, qui, par suite de l'accomplissement des formalités prescrites par cet article, se trouvent subrogés de plein droit au vendeur. Cette subrogation a pour effet de dessaisir le vendeur au profit des bailleurs de fonds. Il en résulte qu'eux seuls ont la faculté de renoncer aux droits résultant de la vente. Mais, pour que la subrogation s'opère et que le conservateur puisse rayer l'inscription en vertu de la quittance donnée par les créanciers ou en vertu de leur renonciation, il faut qu'il soit constaté, *authentiquement*, par l'acte d'emprunt, que la somme empruntée était destinée au paiement du prix, et, par la quittance du vendeur, que le paiement a été fait des deniers empruntés (2).

---

(1) V. *suprà*, nos 25, 26 et 27 ; Boulanger, n° 377 ; *Conf. J.C.*, 1056, 2449.— D'après le *Dictionnaire du Not.*, l'inscription ne peut être rayée que sur la quittance du vendeur ou des délégataires *qui ont accepté* (v° *Mainlevée*, n° 85 ; *sic. J.C.*, 1716, 2425).—Quoi qu'il en soit, il restera toujours cette différence entre la délégation parfaite et la délégation imparfaite, c'est qu'en cas de délégation parfaite, le vendeur étant dessaisi ne peut plus valablement libérer l'acquéreur sans le concours des créanciers délégataires, tandis que dans le second cas, comme il n'a rien aliéné de ses droits, il a toujours capacité pour recevoir le prix et consentir la radiation de l'inscription d'office. — V. Boulanger, n° 378. — *Conf. Rés. de jur.*, Hervieu, *Inscrip. d'off.* n° 32 ; *J.C.*, 417, 826, 2548.

(2) C. civ., art. 2103. — L'emprunt et la quittance qui indique l'emploi de la somme empruntée n'ont pas besoin d'être simultanés. — Grenier, 2, 392 ; Delvincourt, 3, 280 ; Pont, 230.

Il va de soi que si le bailleur de fonds n'a fourni qu'une partie du prix et n'a été subrogé que partiellement, l'inscription d'office doit être prise au profit tout à la fois du vendeur et du bailleur de fonds, et de même la radiation ne pourra être effectuée complétement que si tous les deux ont reçu ce qui leur est dû, ou ont renoncé au privilége et à l'action résolutoire (C. civ., art. 2108).

115. — La mainlevée de l'inscription d'office ne pouvant être effectuée qu'à la suite du paiement du prix, ou en vertu d'une renonciation expresse au privilége du vendeur, doit émaner, pour être valable, de la personne qui a capacité pour toucher le prix de vente, ou pour renoncer gratuitement aux droits résultant de la transcription du contrat. Ainsi, en ce qui concerne les biens de la femme, elle pourra être donnée par le mari, toutes les fois que le régime adopté dans le contrat de mariage lui permettra de recevoir les capitaux appartenant à sa femme. Dans le cas contraire, la femme aura seule qualité pour donner mainlevée. Quant aux renonciation gratuites, comme elles excèdent le droit du mari, elles devront être consenties par la femme autorisée de ce dernier.

Les mêmes règles s'appliquent aux tuteurs, en ce qui concerne les biens de leurs pupilles (1).

— Si la quittance, indiquant l'emploi, était contenue dans l'acte de vente, *rédigé sous forme sous seing privé*, la subrogation ne pourrait s'opérer, puisqu'une des conditions prescrites par la loi, c'est-à-dire l'authenticité de la quittance, ferait défaut. — D.N., v° *Priv.* 273.

— Il n'y a pas lieu de prendre inscription d'office au profit du bailleur de fonds, sur la simple déclaration de l'acquéreur que les fonds versés lui proviennent de telle personne, alors qu'aucun acte authentique ne constate que la somme empruntée était destinée à cet emploi, et si la quittance donnée par le vendeur n'énonce pas que le paiement a été fait avec les deniers de l'emprunt. — *J.C.*, 640, 1503.

(1) *Quid*, si la vente avait été faite sans l'accomplissement des formalités prescrites ? Le tuteur pourrait-il, en touchant le prix, donner mainlevée de l'inscription d'office ? L'affirmative n'est pas douteuse. En effet, le mineur, devenu majeur, pourra bien faire prononcer la nullité de la vente. Dans ce cas,

116. — L'inscription prise au profit du saisi, lors de la transcription du jugement d'adjudication, peut et doit être rayée du consentement du vendeur exproprié, par suite du paiement du prix effectué entre ses mains par l'adjudicataire. (C. proc., art. 774) (1).

117. — En cas de vente à réméré, l'inscription d'office qui a été prise doit être rayée, lorsque le vendeur exerce le réméré, sur le simple consentement de ce dernier, appuyé d'une expédition de l'acte de rachat (2).

---

il rentrera dans la propriété de son immeuble, et l'inscription d'office n'aura plus d'objet. Mais, s'il ratifie la vente, il ne pourra attaquer le paiement qui aura été fait au tuteur; car ce dernier a qualité pour recevoir les sommes dues à ses pupilles, et les débiteurs se libèrent valablement entre ses mains. — *J.C.*, 272, 877, 1580.

Il en est de même si la vente a été consentie par un porte-fort du mineur. Car s'il est vrai que le mineur peut, dans ce cas, ratifier la vente, sans ratifier le paiement, il est vrai aussi que l'inscription d'office a été prise, dans l'espèce, dans l'intérêt du porte-fort, et, d'un autre côté, la ratification, d'après l'art. 1338 C. civ., ne peut nuire aux droits des tiers. — Cass., 25 mai 1852; S.-V., 52.1. 116; Cambrai, 17 mars 1854, *J.C.*, 100, 106, 272, 877, 1001.

— Dans le même ordre d'idées, on doit décider que, lorsque le contrat de vente du fonds dotal dont l'aliénation n'est permise qu'à charge de remploi porte quittance du prix, sans que le remploi ait été effectué, cette dernière circonstance n'autorise pas le conservateur à prendre inscription d'office au profit de la femme lors de la transcription du contrat. — *J.C.*, 1237, 1500.

(1) *Rés. de jur.*, Hervieu, *Radiation*, n° 62; *J.C.*, 773; *Contrà*, Boulanger n° 385; C. de Paris, 11 janv. 1816; Sirey, 1817, 2e partie, p. 7. — Lorsqu'il existe sur l'immeuble moins de quatre créanciers inscrits, le jugement qui répartit le prix entre les créanciers et leur enjoint de donner mainlevée de l'inscription d'office, au moment de la libération de l'acquéreur, est opposable au conservateur C. proc., art. 773; *J.C.*, 1744).

— En matière d'ordre, pour faire rayer l'inscription d'office, il suffit à l'acquéreur ou à l'adjudicataire que le vendeur ou ses ayants cause (les créanciers colloqués) déclarent renoncer à se prévaloir de cette inscription et se désistent de tout privilége. Dans ce cas, le conservateur ne doit opérer la radiation qu'après avoir vérifié que le montant des créances payées ou pour lesquelles il y a eu renonciation au privilége est égal au prix d'acquisition mis en distribution. — C. d'Angers, 2 fév. 1848; *J.C.*, 398, 2552, 2745.

(2) La stipulation dans un acte de *vente à réméré* que, si le rachat n'a pas

118. — Si le vendeur, sans que le contrat ait été transcrit, prend inscription pour conserver son privilége, le conservateur, en admettant qu'une pareille inscription soit valable (loi du 23 mars 1855), ne peut se refuser à la rayer sur la mainlevée donnée par le vendeur, lors même qu'il ne serait pas justifié du paiement du prix. Mais si postérieurement le contrat de vente est transcrit, le conservateur agira prudemment en prenant néanmoins l'inscription d'office, laquelle ne pourra être rayée que s'il est justifié du payement du prix ou d'une renonciation absolue à tout privilége ou action résolutoire (1).

119. — Le conservateur n'est pas tenu d'inscrire l'hypothèque conventionnelle qui a pu être consentie par l'acquéreur, à titre de garantie supplémentaire. Néanmoins l'inscription qu'il prendrait ainsi ne serait pas frappée de nullité (2).

120. —Bien que l'État ne puisse avoir de créanciers hypothécaires et que ses biens ne puissent être saisis, il est d'usage néanmoins, lorsqu'il fait une acquisition, de prendre l'inscription d'office contre lui (3). Il n'est pas douteux que cette inscription soit utile lorsqu'au lieu de l'État, c'est une compagnie concessionnaire et subrogée à ses droits qui acquiert. Cette inscription est du reste soumise aux règles ordinaires, et elle ne peut être rayée que si à la mainlevée se joint une quittance du prix ou une renonciation formelle au privilége (4).

---

lieu, le prix réel des biens sera fixé par des experts, et que les parties se feront respectivement compte de la valeur en plus ou en moins, n'autorise pas le conservateur, si du reste le prix a été payé comptant, à prendre une inscription d'office pour garantie de cette stipulation éventuelle. — *Rés. de jur.*, Hervieu, *Inscrip. d'off.*, n° 25 ; *J.C.*, 747 et 845.

(1) Boulanger, n° 387; *J.C.*, 1749.

(2) Cass., 14 juill. 1841 ; S.-V., 1re partie, p. 731 ; *Rés. de jur.*, Hervieu, *Inscrip. hyp.*, n° 3.

(3) Inst. gén. 22 juill. 1836, n° 1516, § 1.

(4) *J.C.*, 19, 49, 216, 235, 420, 667, 779, 947, 957, 978, 1014, 1075. — Il a

121. — L'inscription d'office peut être prise à la suite d'une vente, d'un échange, lorsqu'il y a des retours stipulés, d'une cession de droits successifs ayant le caractère de la vente (1). Mais elle ne peut être prise soit en vertu d'une donation, le donateur n'ayant aucun privilége pour le paiement des charges (2), soit en vertu d'un partage, le privilége du copartageant se conservant par d'autres moyens que le privilége du vendeur (3).

CHAPITRE XIII.

DES RADIATIONS ADMINISTRATIVES.

122. — L'État, les départements, les communes et les établissements publics ont des représentants autorisés qui ont capacité, moyennant l'accomplissement de certaines formalités, pour donner mainlevée des inscriptions leur profitant.

Ces représentants sont :

1° Le préfet, pour toutes les créances de l'État, et spécialement pour les créances domaniales (4) ;

été décidé cependant que la loi du 3 mai 1841 formant un code complet en matière d'expropriation pour cause d'utilité publique, le conservateur n'avait pas qualité, lors de la transcription du jugement d'expropriation, pour prendre inscription au nom des expropriés. — Cass., 13 janv. 1847 ; 5 avril 1854 ; *J.C.*, 235.

(1) Cass., 29 juill. 1857 ; S.-V., 58.1,313 ; *J.C.*, 58, 244, 642, 1180, 1225, 1415.

(2) *J.C.*, 57, 415, 1132.

(3) *J.C.*, art. 58, art. 2109 C. civ.

(4) L'arrêté du préfet ayant les caractères de l'authenticité suffit pour obtenir la radiation (D. Min. Fin., 11 vendém. an XII ; *Inst. Reg.*, n°s 176. 638 et 1641).

— Les préfets n'ont plus besoin, depuis le décret du 25 mai 1852, de l'autorisation ministérielle, pour donner mainlevée.— D. M. de Fin., 28 février 1859 ; *Inst. Reg.*, n° 2156, § 3.

—Leur compétence est la même, que la mainlevée ait été précédée ou non du paiement de la créance (*Circul. Reg.*, n° 2030, v. Boulanger, n. 444). Toutefois,

2° Les comptables des diverses administrations, pour les inscriptions relatives aux produits recouvrés par ces administrations (1) ;

3° Le préfet ou l'agent judiciaire du trésor, pour les inscriptions prises contre les comptables publics, à la charge d'être autorisés par le ministre des finances (2) ;

4° Le préfet, pour les inscriptions relatives à des créances appartenant au département (3) ;

5° Les maires ou les receveurs municipaux, mais sous

---

lorsqu'il s'agit d'inscriptions prises contre les entrepreneurs de travaux publics, la mainlevée doit indiquer qu'elle a été donnée sur l'avis de l'ingénieur en chef. — Décret du 25 mars 1852, art. 4 ; *J.C.*, 934.

— L'arrêté du préfet n'a pas besoin d'être enregistré. L'expédition seulement doit être faite sur timbre (*Inst. Reg.*, n° 1236, § 1 et 1641, *in fine*).

(1) Pour l'administration de l'enregistrement, la mainlevée est donnée par le receveur, par acte authentique, et en vertu de l'autorisation par simple lettre du directeur du département, autorisation qui doit être seulement rappelée dans l'acte de mainlevée (*Inst. Reg.*, n° 1941). La mainlevée est valable que la créance soit ou non soldée : c'est au directeur à apprécier, sous sa responsabilité, les motifs qui peuvent lui faire consentir la radiation (*Inst. Reg.*, 1974). Les receveurs ont du reste été dispensés de prendre le consentement du directeur, lorsque la somme garantie par l'inscription a été entièrement acquittée. (*Inst. Reg.*, 22 avril 1875 ; *J.C.*, n° 2981).

— Pour l'administration des douanes, la mainlevée est donnée dans la même forme par les receveurs principaux autorisés de leur directeur. (*Inst. Reg.*, n° 1941). Les mêmes règles s'appliquent à l'administration des contributions indirectes et à l'administration des postes.

(2) La mainlevée peut être donnée par l'un ou par l'autre, quelle que soit la personne qui a requis l'inscription. Leur compétence est égale. Il suffit qu'ils agissent en vertu d'une autorisation expresse du ministre des finances, laquelle doit être relatée dans l'acte ou l'arrêté portant mainlevée. (Déc. du Min. des Fin., 6 juill. 1833 ; *Inst. Reg.*, 1961 ; *J.C.*, 2745). Toutefois la loi du 5 sept. 1807 a organisé une procédure spéciale, qui doit être suivie lorsque l'acquéreur des biens d'un comptable veut procéder à la purge (*Voir Inst. Reg.*, n° 350 ; Boulanger, n° 451).

— En ce qui concerne la radiation des inscriptions prises sur les immeubles affectés au cautionnement des conservateurs d'hypothèques, *voir* décision du Ministre des finances, 5 avril 1825 ; *Inst. Reg.*, n° 1159 ; *V.* aussi *Inst. Reg.*, n° 526, *J.C.*, 276 ; Boulanger, n°s 452 et suiv.

(3) Déc. Min. des Fin., 16 juin 1841 ; *Inst. Reg.*, n. 1641.

l'autorisation du conseil municipal et du conseil de préfecture, pour les inscriptions profitant à la commune (1);

6° Les receveurs des hospices ou leurs administrateurs, pour les inscriptions leur appartenant. La mainlevée, dans ce cas, ne peut être valablement donnée qu'en vertu d'une décision spéciale du conseil de préfecture, et de l'avis du comité consultatif établi près de chaque arrondissement communal.

Les mêmes formalités sont à suivre pour les subrogations (2);

7° Enfin les divers administrateurs des établissements publics reconnus par le gouvernement, pour les inscriptions leur profitant. Les conservateurs devront, dans tous les cas, exiger qu'on leur dépose, avec la mainlevée, l'autorisation du conseil de préfecture et l'avis du comité consultatif de l'arrondissement (3).

123. — Quant aux établissements non reconnus, aucune formalité n'est prescrite pour la radiation de leurs inscriptions. Il suffit que la mainlevée soit donnée par le représentant régulièrement autorisé de la société (4);

124. — Les dons et legs faits aux communes et aux établissements publics de toute nature ne peuvent être acceptés qu'en vertu d'une autorisation du gouvernement. Il en résulte que les représentants de ces établissements, lorsqu'ils

---

(1) Ordonnance du 15 juillet 1840; *Inst. Reg.*, n° 1641; C. de Douai, 29 nov. 1834, *J.E.*, 11482. Le conservateur ne doit rayer que sur le dépôt de l'acte de mainlevée et d'une expédition de la délibération du conseil municipal et de l'arrêté du conseil de préfecture. Dijon, 7 avril 1859, *J.C.*, 1534.

— Mais, lorsque l'inscription est relative à l'apurement des comptes du receveur municipal, c'est le préfet qui est seul compétent pour donner mainlevée. *J.C.*, 682 et 1043.

(2) Arrêté du 7 mess. an VII; Décret du 11 therm. an XII; Déc. Min. des Fin., 11 fév. 1825 et 23 nov. 1827; *J.C.*, 880.

(3) *J.C.*, 1374.

(4) *J.C.*, 1262.

donneront mainlevée d'une inscription relative à une créance donnée ou léguée, devront produire au conservateur les pièces établissant que l'acceptation a eu lieu dans les formes prescrites (1).

(1) V. loi du 18 juill. 1837.

DEUXIÈME PARTIE

DES RADIATIONS FORCÉES

CHAPITRE Ier.

DES JUGEMENTS DE RADIATION ET DE LEUR EXÉCUTION.

125. — La radiation forcée est celle qui s'opère en vertu d'un jugement rendu en dernier ressort ou passé en force de chose jugée (C. civ., art. 2157).

La demande en radiation peut être intentée par tous ceux qui ont intérêt à la disparition de l'inscription ou à sa réduction, par conséquent par :

1° *Le débiteur ;*

2° *Les créanciers* du débiteur (1) ;

3° *Le tiers détenteur*, même avant d'avoir purgé (2).

---

(1) Il va de soi que celui qui demande la radiation doit non-seulement établir l'intérêt qu'il a à l'obtenir, mais doit prouver encore que la cause de l'inscription est éteinte. Il ne suffirait pas d'établir l'inutilité probable de l'inscription (Cass., 10 fév. 1818 ; Duranton, t. 20, n. 237).

(2) Cass., 9 avril 1836, *J.C.*, 1247. — Le tiers détenteur a qualité pour demander la radiation, lors même qu'il serait pleinement garanti par l'acte de vente contre toute éviction. (Bordeaux, 17 fév. 1812, *J.N.*, 910). — Le tiers détenteur est fondé non-seulement à demander la radiation d'une inscription dont les causes n'existent plus, mais même à demander la réduction de l'hypothèque générale grevant les biens de son vendeur (Conf. Troplong, 3, 750). S'il s'agissait de l'hypothèque légale d'une femme mariée sur les biens de son mari, le tiers détenteur ne serait pas tenu, dans ce cas, de recourir aux formalités prescrites par les art. 2144 et 2145, C. civ., ces articles ne s'appliquant que lorsque les immeubles sont encore aux mains du mari (Orléans, 9 avril 1862 ; *J.N.*, 17400).

126. — La demande doit être formée contre le créancier, quelle que soit la personne qui a requis l'inscription (1). Lorsqu'elle est intentée par un acquéreur auquel son vendeur s'est obligé à rapporter la mainlevée des inscriptions subsistantes, c'est contre ce dernier qu'elle doit être dirigée.

127. — La demande en radiation de l'hypothèque légale intentée par le tuteur contre son pupille doit être dirigée contre le subrogé-tuteur (Cod. civ., 420) et contre le procureur de la République (C. civ., 2145). Celle qui est formée par le mari, en ce qui concerne l'inscription de l'hypothèque légale appartenant à sa femme, est dirigée contre le ministère public (2).

128. — La demande est introduite par un exploit d'ajournement signifié soit au domicile élu dans l'inscription, soit au domicile réel du créancier (3).

129. — La demande en radiation est soumise, comme

---

(1) Jugé que la demande en radiation de l'inscription d'office, prise par le conservateur lors de la transcription du contrat, doit être dirigée contre le vendeur et non contre le conservateur (Nîmes, 27 juin 1838, *J.N.*, 10307). Toutefois celui-ci pourrait être mis en cause, afin de s'entendre condamner à payer des dommages-intérêts, dans le cas où l'inscription aurait été formalisée mal à propos (Code civ., art. 1383 et 1384; *J.N.*, 9014).

— Si, après avoir hypothéqué son immeuble, le débiteur succombe dans une instance engagée sur la propriété de cet immeuble, le jugement de résolution n'est pas opposable aux créanciers inscrits du chef du propriétaire dépossédé. Il faudra donc que le véritable propriétaire intente une action contre eux pour obtenir la radiation des inscriptions consenties sans droit par le propriétaire évincé. — Cass., 6 déc. 1859; D. P. 60.1.18; *J.C.*, 1235.1441.1477.1542. 1552.1562 et 2188.

(2) Troplong, 2.644.

(3) Le droit d'assigner au domicile élu est en effet une simple faculté à laquelle le débiteur peut renoncer (Duranton, 20.204; Grenier, 1.96). Lorsque le créancier est décédé, l'élection de domicile permet au débiteur de l'assigner au domicile élu comme s'il existait encore, sans qu'il soit besoin d'interpeller les héritiers (C. civ., art. 2158; Paris, 15 mars 1838; Cass., 14 févr. 1843; *J.P.*, 1838.1.516; 43.1.202).

toutes les autres, au préliminaire de la conciliation (1), à moins que la cause, à raison des circonstances, ne requière célérité, ou à moins que la demande ne soit introduite par voie de demande incidente (C. proc., art. 337) ou par voie d'intervention (C. proc., art. 49, 339).

130. — Elle doit toujours passer par les deux degrés de juridiction, et il ne serait pas permis de la porter *de plano* devant la Cour d'appel, sous prétexte que celle-ci, ayant statué sur la validité du titre, a qualité pour connaître de l'exécution de ses jugements (art. 472, C. proc.) (2).

131. — Aux termes de l'art. 2159, C. civ., la demande en radiation doit être portée devant le tribunal civil de la situation des biens hypothéqués, si ce n'est lorsque l'inscription a eu lieu pour sûreté d'une condamnation éventuelle ou indéterminée, sur l'exécution ou liquidation de laquelle les parties sont en instance devant un autre tribunal, auquel cas la demande en radiation doit y être portée ou renvoyée (3). Cet article n'est qu'une application de la règle établie par l'art. 171, C. proc., pour les cas de litispendance et de connexité, et la règle qu'il trace doit être suivie non-seulement dans le cas particulier qu'il prévoit, mais encore toutes les

---

(1) Paris, 23 juill. 1817, Sirey, 18.2.20 ; Troplong, *hyp.*, t. 3, n° 774 *bis* ; Grenier, t. 1, n° 93.

(2) C. de Paris, 23 mai 1817, Sirey, 18.2.20 ; *Sic*, Troplong, *hyp.*, n° 744.

(3) V. art. 1740, *J.C.*, pour le cas ou une commune est distraite de l'arrondissement. — Jugé que la demande en nullité d'un acte et en mainlevée des inscriptions hypothécaires prises en vertu de cet acte doit être portée devant le tribunal du domicile du défendeur, et non devant le tribunal de la situation des biens hypothéqués. — Cass., 1er flor. an XII, S.-V., 20.1.472. — D'après une opinion intermédiaire, l'action qui a pour objet à la fois la demande en nullité d'un acte et la mainlevée des inscriptions appartient, à raison de son mélange de personnalité et de réalité, à la catégorie des actions *mixtes*, prévues par l'art. 59 C. proc., et par conséquent doit pouvoir être portée soit devant le juge du domicile, soit devant celui de la situation. — Dalloz, v° *Act.*, n° 109 ; D.N., v° *Insc.* n° 648 ; *J.C.*, 774.

fois qu'un autre tribunal que celui de la situation des biens est saisi d'une contestation relative à la créance, et que la solution à intervenir sur la demande en radiation est subordonnée au jugement de ce litige (1).

Il est permis, du reste, aux parties de convenir d'un tribunal différent de celui indiqué par la loi. C'est une faculté que leur réserve expressément l'art. 2159 précité.

132. — La demande en réduction n'est autre chose qu'une demande en radiation. Elle est donc soumise aux mêmes règles que cette dernière. Si les immeubles qu'il s'agit de dégrever sont situés dans divers arrondissements, il suffit que la demande soit portée devant un des tribunaux de la situation (2).

133. — Les tribunaux civils sont seuls compétents pour connaître des demandes en radiation. Ainsi les radiations ne peuvent être prononcées ni par les tribunaux administratifs (3), ni par les tribunaux de commerce (4), ni par les juges

---

(1) Cass., 5 mai 1812; Sirey, 13.1,251; Req., 11 fév. 1834; D.P. 34.1.216; *J.C.*, 1177, 1648.

(2) Boulanger, n° 500; *Conf.*, *J.C.*, 1727; D.N., v° *Rad.*, 20.

(3) Arrêté du Conseil d'État du 7 août 1875; *J.C.*, 3026. — Les tribunaux administratifs ne peuvent se prononcer que sur la validité ou l'extinction de la créance qui sert de cause à l'inscription. — Décidé que les tribunaux, bien que seuls compétents pour ordonner la radiation des inscriptions prises par un receveur général sur les biens d'un comptable pour sûreté de sa gestion, ne peuvent rendre leur jugement avant que la libération de ce comptable ait été établie par un arrêté de compte débattu et réglé par l'autorité administrative (Avis du Conseil d'État, 6 juill. 1810; S.-V., Coll. nouv., 3.2.304. — Lorsqu'une demande en radiation d'inscription formée contre l'agent du Trésor public est subordonnée à la question de savoir si le comptable est ou non débiteur, les tribunaux doivent suspendre toute décision tant que la Cour des comptes n'a pas arrêté définitivement l'état de situation dudit comptable. — Cass., 25 nov. 1812; 10 août 1814; S.-V., 15.1.242; 18.1.177; D.A., 2. 370.

(4) Un tribunal de commerce peut, par exception, prononcer la radiation d'une inscription, lorsqu'elle n'est demandée que comme une conséquence nécessaire de l'annulation d'un acte soumis à son examen. — Cass., 11 fév. 1834; S.-V., 35.1.475; *J.C.*, 55.

de paix (1), ni par le président du tribunal statuant en référé (2). Elles ne pourraient non plus être effectuées en vertu du consentement des parties, consigné dans un procès-verbal de conciliation, cet acte n'ayant pas le caractère d'authenticité exigé par la loi pour les consentements à mainlevée (3). Mais elles peuvent être prononcées par sentence arbitrale (4), pourvu que cette dernière soit revêtue de toutes les formalités prescrites par le Code de procédure.

134. — Aux termes de l'art. 2123, C. civ., les jugements rendus en pays étrangers, conférant hypothèque ou prononçant la radiation d'une inscription, ne sont susceptibles d'être exécutés en France qu'autant qu'ils ont été rendus exécutoires par un tribunal civil français, à moins qu'il n'en ait été convenu autrement par des traités passés avec les nations étrangères. On admet, en général, que la mission du tribunal ne se borne pas à un simple paréatis, mais qu'elle consiste à examiner le jugement dans ses rapports avec les principes généraux de la loi française, et à ne lui donner force exécutoire qu'autant qu'il ne viole aucune des règles fondamentales de notre droit public et privé (5).

---

(1) Boulanger, n° 504; Cass., 31 juill. 1850; *J.C.*, 628.

(2) C. de Rouen, 22 oct. 1819, *J.E.*, 6829; Cass., 27 janvier 1862; D.P., 62. 1. 225; *sic* Dalloz, v° *Hyp.*, n° 2773; Baudot, n° 922; Boulanger, n° 505.

(3) *J.E.*, 3531; Baudot, n° 919; Boulanger, n° 503.

(4) Boulanger, n° 504.

(5) Marcadé, 1er vol.; Pont, *Hyp.*, n° 586; Valette sur Proudhon, 1, p. 159; Demolombe, 1, 263. — On trouve dans le traité d'alliance entre la France et la Suisse, conclu le 1er juin 1656, confirmé les 28 mai 1877, 4 vendémiaire an XII, et 18 juill. 1828, un exemple de dérogation à la règle de l'art. 2123. L'art. 15 du traité du 4 vendémiaire est ainsi conçu: « Les jugements définitifs en matière civile, ayant force de chose jugée, rendus par des tribunaux français, seront exécutoires en Suisse, et réciproquement, après qu'ils auront été légalisés par les envoyés respectifs, ou, à leur défaut, par les autorités compétentes de chaque pays. » — A l'égard des jugements rendus par nos consuls, dans les lieux où ils sont accrédités, bien qu'ils soient rendus en pays étranger, comme ils émanent d'une auto-

135. — Aux termes de l'art. 2157, C. civ., les jugements ordonnant une radiation ne peuvent être exécutés par le conservateur qu'autant qu'ils sont passés en force de chose jugée, c'est-à-dire qu'ils ne sont plus susceptibles ni d'opposition ni d'appel. L'art. 548, C. proc., apporte un complément à cette disposition en décidant que les jugements prononçant une radiation ne seront exécutoires *pour les tiers*, même après les délais d'opposition ou de l'appel, que sur le certificat de l'avoué de la partie poursuivante, contenant la date de la signification du jugement faite au domicile de la partie condamnée et sur l'attestation du greffier constatant qu'il n'existe contre le jugement ni opposition ni appel.

136. — De l'ensemble de ces dispositions il résulte que le conservateur ne doit jamais obéir à un jugement qui ordonne une radiation, tant que ce jugement n'a pas acquis force de chose jugée par l'expiration des délais d'appel ou d'opposition, et cela lors même que le tribunal aurait déclaré son jugement *exécutoire par provision* (1); lors même que le jugement aurait été qualifié en dernier ressort (2), l'action en radiation étant toujours susceptible du double degré de juridiction (3); lors même, enfin, qu'il s'agirait d'un jugement portant homologation de partage, et rendu sans qu'aucune contestation se fût élevée entre les coparta-

---

rité française, on doit les assimiler aux jugements rendus en France.—Troplong, 2, 452; *J.C.*, 1584.

(1) C. de Paris, 14 mai 1808 ; C. de Pau, 14 mars 1837; Cass., 25 mai 1841 ; C. de Rouen, 8 fév. 1842; C. de la Martinique, 10 mars 1842; C. de Grenoble, 8 fév. 1849; S.-V., 8.2.227 ; 37.2.376; 41.1.497; 42.2.271 ; 44.2.29; D.A., 9, 446; *J.C.*, 21, 78, 558, 1857, 2382, 2772, 2915; V. *Rés. de jur.*, Hervieu, *Radiation*, p. 661.

(2) C. de Pau, 22 mars 1834 ; S.-V., 34.2.432 ; *J.,C.*, 340.

(3) Cass., 25 mai 1841 ; C. de Rouen, 8 fév. 1842 ; S.-V., 41.1.497 ; 42.2.271; C. d'Aix, 25 juill. 1845 ; C. de Toulouse, 8 mars 1847 ; *J.C.*, 78 et 355.—V. cependant la distinction admise par M. Boulanger, n° 577, et qui rend raison de certaines variations de la jurisprudence sur la question.

geants (1), cette circonstance n'empêchant pas l'appel d'être recevable.

137. — Le conservateur ne doit, du reste, obéir qu'à un ordre précis de radiation, et il ne suffirait pas, pour l'obliger à rayer, d'un jugement prononçant l'extinction de l'obligation ou de l'hypothèque (C. civ., art. 2157) (2). Il faut que la radiation soit expressément ordonnée, et que le jugement indique, d'une manière suffisante pour la faire reconnaître, l'inscription qui doit être rayée.

138. — De ce que les jugements passés en force de chose jugée sont seuls opposables au conservateur, il résulte que ce dernier a intérêt à savoir quand et à quelles conditions un jugement se trouve à l'abri de toute opposition et de tout appel. La règle est différente suivant que le jugement est contradictoire ou par défaut.

139. — Le jugement contradictoire est le jugement rendu contre la partie qui a régulièrement comparu à toutes les phases de la procédure. Bien qu'il soit réputé connu de la partie qui a succombé, la loi exige, pour faire courir le délai d'appel, qui est de deux mois (3), que le jugement lui ait été signifié. La signification doit être faite tant à l'avoué qu'à la partie condamnée (C. proc., art. 147), et, dans la signification faite à la partie, il doit être fait mention de celle faite à l'avoué.

140. — La signification doit être faite non au domicile élu dans l'inscription, mais au domicile réel (4).

---

(1) C. de Paris, 15 juin 1837 ; 10 août 1838 ; 25 juill. 1840 ; S.-V., 38.2.424 ; 38.2.425, 40.2.375 ; *J.C.*, 23 et 495.

(2) C. de Nancy, 2 déc. 1840 ; D.P., 41.2.53 ; Avignon, 10 août 1858 ; *J.C.*, 881, 1037, 1352, 1461, 2770, 2789, 2798 ; V. Boulanger, n°s 597 et 598.

(3) Loi du 3 mai 1862.

(4) Jurisprudence conforme, v° Boulanger, n°s 517, 518 et 519 ; *Rev. de jur*, Hervieu, v° *Radiation*, p. 666, n° 26 et p. 683, n° 14.

141. — Elle doit être faite à toute personne ayant qualité pour interjeter appel (1).

142. — Le délai pour interjeter appel, qui était fixé à trois mois par l'art. 443, C. proc., a été réduit à deux mois par la loi du 3 mai 1862. Le délai se compte par mois, sans égard au nombre de jours dont le mois se compose. Le jour de la signification et le jour de l'échéance, *dies a quo et dies ad quem*, n'y sont pas compris (2). Le délai est prorogé, lorsque l'appelant demeure hors de France (C. proc., art. 445), ou lorsqu'il est absent du territoire européen pour le service de l'État (C. proc., art. 446) (3). L'appel ne peut être interjeté

---

(1) En principe toute personne qui a été partie à la procédure a qualité pour interjeter appel. Lorsqu'il s'agit d'un incapable, comme la femme mariée, ou le mineur, la signification doit être faite à son représentant légal, auquel la loi confie le soin de défendre aux actions dirigées contre lui. Nous ne pouvons résoudre ici toutes les difficultés que cette question peut faire naître. Nous nous contenterons de renvoyer à la jurisprudence citée par Hervieu, *Rev. de jur.*, v° *Jugement*, n°s 1 et suivants. *Voir* aussi Boulanger, n°s 522 à 546. Citons cependant quelques exemples :

Le jugement rendu contre le mineur non émancipé doit être signifié tant au tuteur qu'au subrogé-tuteur, lors même que ce dernier n'aurait pas été mis en cause dans l'instance (C. proc., 444). Si le jugement a été rendu au profit du tuteur, il doit être signifié au subrogé-tuteur et à un tuteur ou subrogé-tuteur, nommé pour cet objet (Cass., 1er avril 1853; Paris, 10 mai 1860; *J.C.*, 1593, 1674).

— Les jugements rendus contre un absent, avant l'envoi en possession des héritiers présomptifs, doit être signifié au procureur de la République (Toulouse, 24 mars 1836; D., v° *Absence*, n° 274).

— De même il faut signifier au procureur de la République le jugement rendu à la requête du tuteur ou du mari et prononçant la réduction de l'hypothèque légale du mineur ou de la femme, conformément aux art. 2143 et 2144, C. civ. Ce magistrat est, en effet, partie à l'instance, puisque, aux termes de l'art. 2145, la décision doit être prise *contradictoirement avec lui*, et par conséquent il a le droit d'interjeter appel. — Cass., 3 déc. 1844; S-V., 45.1.14; Grenoble, 7 août 1849; S-V., 49.2.398; *J. C.*, 1.517.1419 et 1695.

(2) Dalloz, v° *Appel*, n° 873; *J.C.*, 431.

(3) Dans ce cas, la signification doit être faite au procureur général près la cour devant laquelle l'appel est porté, et non au domicile du procureur de la République près le tribunal qui a rendu le jugement attaqué. — C. de Mont-

dans la huitaine qui suit le jugement; mais, d'un autre côté, le jugement ne peut être exécuté pendant le même délai (C. proc., art. 449). En matière de faillite, le délai d'appel est réduit à quinze jours, avec augmentation proportionnelle aux distances (C. comm., art. 582) (1).

143. — Le jugement par défaut est celui qui a été rendu en l'absence de la partie. Il y a deux sortes de défaut : le défaut faute de comparaître et le défaut faute de conclure (C. proc., art. 149). La voie ouverte à la partie pour faire réformer un jugement par défaut est l'opposition.

144. — Lorsque le jugement a été rendu par défaut faute de conclure, la partie condamnée a huit jours, à partir de la signification du jugement faite à son avoué, pour former opposition (C. proc., 157). Ce délai passé, l'opposition n'est plus recevable; mais la voie de l'appel reste ouverte à la partie; et, pour faire courir le délai de deux mois à son égard, on doit lui signifier de nouveau le jugement à son domicile (2).

145. — Lorsque le jugement a été rendu par défaut faute de comparaître, comme la partie n'a pas d'avoué, c'est à elle-même et à son domicile que le jugement doit être signifié (C. proc., art. 155). Le jugement ne peut être exécuté pendant les huit jours qui suivent la signification :

---

pellier, 16 juill. 1828; Cass., 14 juin 1830; C. de Nancy, 26 mai 1834; S.-V., 28.2.308, 30.1.234, 35.2.107.

(1) Lorsque l'arrêt a été rendu sur l'appel et signifié à la partie (C. proc., art. 548), le jugement a acquis force de chose jugée, si l'arrêt confirmatif est contradictoire. Il suffit, dans ce cas, pour opérer la radiation, qu'on produise au conservateur le certificat de l'avoué faisant connaître la date de signification. Dans le cas où l'arrêt a été rendu par défaut, il ne peut être exécuté qu'autant que l'opposition n'est plus recevable. — V. ci-après n°s 143 et suiv.; *Rés. de jur.*, Hervieu; v° *Radiation*, n°s 43 et 44.

(2) Jurisprudence conforme, v° Boulanger, n° 557.

c'est, du reste, une règle commune aux deux sortes de défaut. Mais tandis qu'à l'expiration de ce délai de huitaine la partie qui a fait défaut faute de conclure ne peut plus former opposition, celle qui a fait défaut faute de comparaître peut former opposition jusqu'à l'exécution du jugement (C. proc., art. 157 et 158). En outre, dans ce dernier cas, la signification doit être faite par un huissier commis par le tribunal ou par le juge du domicile du défaillant que le tribunal aura désigné; enfin le jugement doit être exécuté au plus tard dans les six mois, sous peine d'être réputé non avenu (C. proc., art. 156).

146. — L'exécution du jugement par défaut faute de comparaître produit, comme on vient de le voir, un double effet. Elle empêche la péremption du jugement, pourvu qu'elle soit faite dans les six mois (1), et elle clôt le délai d'opposi-

---

(1) La péremption de six mois établie par l'art. 156 du Code de procédure contre les jugements par défaut faute de comparaître, ne s'applique pas au cas d'un deuxième jugement par défaut, rendu sur *profit joint*; ce second jugement n'est susceptible ni d'opposition, ni de péremption à défaut d'exécution dans les six mois de son obtention. — Mais si c'est le demandeur, ou, en Cour d'appel, l'appelant qui fait défaut lors de ce jugement ou arrêt, il peut valablement y former opposition. — Cass. 28 fév. 1825, 18 avril 1826, 17 déc. 1834; S.-V., 25.1.186, 26.1.396, 35.1.544; C. de Rouen, 30 août 1842; S.-V., 43.2.18.

— Le jugement ne tombe pas en péremption, lorsque, par le fait du débiteur lui-même, le créancier s'est trouvé dans l'impossibilité de remplir aucune des conditions prescrites par l'art. 159 du Code de procédure. — C. de Caen, 3 août 1815; S.-V., 16.2.230.

— Lorsqu'un jugement par défaut a été rendu contre plusieurs débiteurs solidaires, l'exécution contre l'un d'eux ou l'acquiescement de sa part, dans les six mois, empêche la péremption à l'égard des autres. — Cass., 7 déc. 1825; 14 avril 1840, 2 fév. 1841; S.-V., 26.1.207, 40.1.491, 41.1.417.

— Toutefois il a été reconnu que l'acquiescement à un jugement par défaut donné par acte sous seing privé et non enregistré dans les six mois de l'obtention du jugement, n'empêchait pas la péremption vis-à-vis des tiers, pour défaut d'exécution du jugement. — Cass., 6 avril 1840, 18 juin 1843; S.-V., 40.1.843. — v° *Rés. de jur.*, Hervieu, *Radiation*, p. 664, n° 23.

— L'exécution d'un jugement par défaut contre l'une des parties a bien pour

tion pour la partie qui a fait défaut. Il est donc important de savoir ce que la loi entend par exécution du jugement.

147. — Le jugement est réputé exécuté en général toutes les fois qu'un acte, quel qu'il soit, donne la certitude que le débiteur a connu l'exécution du jugement tentée par le créancier (1).

---

effet d'empêcher la péremption du jugement à l'égard des autres, mais elle ne prive pas ces derniers du droit d'y former opposition. — *J.C.*, 840.

(1) D'après l'art. 159, C. proc. : « Le jugement est réputé exécuté lorsque les meubles saisis ont été vendus, ou que le condamné a été emprisonné ou recommandé, ou que la saisie d'un ou de plusieurs de ses immeubles lui a été notifiée, ou que les frais ont été payés, ou enfin lorsqu'il y a quelque acte duquel il résulte nécessairement que l'exécution du jugement a été connue de la partie défaillante. » Les documents de la jurisprudence sur les différents cas d'exécution sont trop nombreux pour qu'il soit possible de les rapporter ici. Nous nous bornerons à renvoyer au *Résumé de jurisprudence*, de M. Hervieu, v° *Radiation*, p. 666, n°s 29 à 39 ; V. aussi Boulanger, n°s 559 et suiv.

— Nous devons cependant parler d'un cas où l'exécution du jugement présente de sérieuses difficultés : c'est le cas où le jugement ordonne purement et simplement la radiation, sans contenir d'autres dispositions dont l'exécution puisse être poursuivie préalablement. Si le créancier contre lequel la radiation a été ordonnée est condamné aux dépens, rien ne sera plus facile que d'exécuter le jugement. Il suffira de poursuivre par les voies de droit le paiement de ces dépens. Mais, dans le cas contraire, le jugement ne comporte qu'un seul mode d'exécution, c'est la radiation. Or il est évident que le conservateur ne consentira pas à l'effectuer, puisque le jugement n'a pas encore acquis force de chose jugée.

La jurisprudence, pour trancher cette difficulté, a été obligée d'apporter une dérogation à la règle générale. Elle a admis que, quand il n'existerait pas d'autre moyen d'exécution possible, la signification du jugement serait considérée elle-même comme un acte d'exécution.

« Considérant, dit la Cour de Pau, que la signification du jugement faite aux « intéressés, avec sommation de se trouver à jour et à heure fixes, afin de voir « opérer la radiation ordonnée, se trouvant ainsi le seul moyen praticable par la « partie pour arriver à l'exécution, cette partie, dans la circonstance particu- « lière où elle était placée, avait fait en cela tout ce qui lui était possible de faire ; « d'où il suit que ce mode d'exécution, quoique non prévu nommément par « l'art. 159, C. proc. civ., doit être reconnu suffisant pour faire réputer le « jugement par défaut dont s'agit valablement exécuté. » — Cass., 21 janv. 1834 ; *J.C.*, 2788. *Rés. de jur.*, Hervieu, v° *Radiation*, p. 682, n° 12.

148. — Si donc la partie contre laquelle le jugement a été rendu, et l'exécution poursuivie, n'a pas arrêté cette exécution par une opposition, le jugement est dès lors réputé contradictoire, et la partie n'a plus que la ressource de l'appel, dont le délai commence à courir à partir du jour où l'opposition n'est plus recevable (C. proc., art. 443).

149. — L'art. 548, C. proc., ne fait que tirer les conséquences de tout ce qui précède, en disposant que « les jugements prononçant une radiation ne seront exécutoires pour le conservateur que sur le certificat de l'avoué de la partie poursuivante, contenant la date de la signification du jugement faite au domicile de la partie condamnée, et sur l'attestation du greffier constatant qu'il n'existe contre le jugement ni opposition ni appel. »

Nous devons ajouter que le certificat du greffier devra être délivré après l'expiration des délais accordés pour former opposition ou appel (1) et qu'en outre on devra justifier au conservateur, s'il s'agit d'un jugement par défaut faute de comparaître, que ce jugement a reçu un commencement d'exécution susceptible de clore le délai d'opposition (2).

150. — Un jugement ne devient pas définitif seulement par l'expiration des délais d'appel ou d'opposition. Il peut

---

(1) Autrement rien ne garantirait le conservateur qu'il ne surviendra pas une opposition ou un appel après la délivrance du certificat. — Grenier, 2, p. 468 n° 526 ; Pont, n° 1101 ; *J.E.*, 10444, 10962, 11593, 12820; *Rés. de jur.*, Hervieu, v° *Radiation*, p. 681, n° 10 ; *J.C.*, 1512.

(2) Le certificat de l'avoué peut être remplacé par l'original de la signification. — *J.C.*, 72, Hervieu, *loc. cit.*, n° 11.

— La disposition qui exige la tenue au greffe d'un registre destiné à recevoir les mentions d'appel ou d'opposition, et la délivrance des certificats y relatifs, est applicable aux greffiers des tribunaux de commerce comme à ceux des tribunaux civils. La question, vivement controversée, a été tranchée en ce sens par un arrêt des Chambres réunies, du 13 janvier 1859. — D. P., 59.1.6 ; *J.C.*, 1434.

le devenir par l'acquiescement de la partie, pourvu que cet acquiescement émane d'une personne capable, et qu'il intervienne dans une matière qui ne touche pas à l'ordre public, et où l'acquiescement ne soit pas interdit. En matière de radiation, une autre condition est nécessaire, c'est que l'acquiescement ait lieu par acte authentique (C. civ., 2158). Cette condition sera suffisamment remplie lorsque l'acquiescement ayant eu lieu soit avant l'instance, comme dans les jugements d'expédients, soit pendant l'instance, par voie de conclusions, se trouvera constaté dans le dispositif du jugement. Dans le cas contraire, les parties devront constater leur consentement par acte authentique.

L'acquiescement ne résulterait pas de ce que les parties auraient déclaré dans leurs conclusions *s'en rapporter à la justice et à la prudence du tribunal*. C'est là une formule, admise dans le langage du palais, qui ne saurait avoir la valeur d'un contrat judiciaire, emportant renonciation par les parties aux moyens que la loi leur offre pour faire réformer le jugement (1).

151. — L'acquiescement, rendant le jugement inattaquable, dispense par là même les parties qui demandent une radiation de produire au conservateur les certificats prescrits par l'art. 548 du Code de procédure (2).

152. — Les jugements passés en force de chose jugée ne sont pas définitifs à tous égards. Ils peuvent encore être atta-

---

(1) Cass., 25 juill. 1841, 19 déc. 1842; S.-V., 41.1.105, 43.1.250.

(2) On invoque, pour l'opinion contraire, un arrêt de la Cour de Rouen, du 8 fév. 1842 (S.-V., 42.2.271). Mais M. Boulanger fait remarquer avec raison que cet arrêt a été rendu dans une espèce où l'acte d'acquiescement émanait d'une femme mariée sous le régime dotal et avait trait à des biens dotaux qu'elle ne pouvait compromettre. — Cet acquiescement étant sans valeur ne pouvait remplacer les justifications prescrites par l'art. 548, C. proc. On comprend que, dans ces conditions, l'arrêt précité perde beaucoup de son autorité, nonobstant les motifs généraux qu'il a cru devoir invoquer. — Boulanger, n° 590; *J.C.*, 26.

qués par les voies extraordinaires que la loi fournit pour les faire réformer : le pourvoi en cassation et la requête civile. Mais il est admis que ni l'un ni l'autre de ces moyens de réformation n'ont un effet suspensif, de telle sorte que le conservateur doit effectuer la radiation qui lui est demandée, lors même que les délais pour le pourvoi ne seraient pas expirés, lors même qu'il y aurait un pourvoi de formé et qu'il en aurait connaissance.

153. — Lorsqu'une inscription a été ainsi rayée, l'arrêt qui casse le jugement en vertu duquel la radiation a été effectuée ne peut nuire aux droits des créanciers qui ont pris inscription depuis la radiation. L'inscription supprimée ne reprend son rang primitif qu'à l'égard des créanciers, soit antérieurs, soit postérieurs, déjà inscrits lors de la radiation (1).

154. — Nous avons dit précédemment que les conservateurs ne sont pas des agents purement passifs, obligés, dans tous les cas, d'obéir aux ordres de radiation qu'ils reçoivent; qu'ils peuvent, en particulier, discuter la capacité des parties qui ont consenti la mainlevée, et refuser d'obtempérer à leur réquisition lorsqu'elles n'ont pas la capacité suffisante pour consentir la radiation.

Leur rôle n'est pas différent en ce qui concerne les jugements. Si donc un jugement est entaché de nullité, et que la nullité ne soit pas de celles qui sont couvertes par le silence des parties, ils doivent refuser d'y obéir (2).

---

(1) Battur, t. IV, n° 690 ; Duranton, t. 20, n°s 202 et 203 ; Troplong, *Hyp.*, t. III, n° 746 *bis* ; C. de Douai, 10 janv. 1812 ; C. de Paris, 12 juin 1815; Sir., 12.2.370, 18.2.119.

(2) Dans le cas où un jugement a été rendu par des juges parmi lesquels un avocat a été appelé pour compléter le tribunal, il doit, à peine de nullité, énoncer que les juges suppléants étaient empêchés et que l'avocat appelé était le plus ancien, suivant l'ordre du tableau, des avocats présents à l'audience. (Cass., 27 juin 1839. — 8 nov. 1843 ; S.-V., 39.1.399, 44.1.54).

155. — Lorsque les conservateurs refusent de se conformer à un ordre de radiation, ils agissent dans l'intérêt de leur propre responsabilité, et, par conséquent, c'est contre eux directement que les parties doivent agir pour triompher de leur refus. L'instance qui s'engage alors est soumise aux règles ordinaires. Ils sont assignés soit devant le tribunal du domicile où ils sont ou étaient en fonctions (Loi du 21 ventôse an VII, art. 9), soit à leur domicile réel, soit, lorsqu'ils sont appelés en garantie, devant le tribunal saisi de l'action principale (1).

La demande est soumise, comme toutes les autres, au préliminaire de la conciliation, à moins qu'elle ne soit incidente à une action principale, comme en cas de demande en garantie. Étant forcément indéterminée, elle est toujours assujettie aux deux degrés de juridiction (2).

CHAPITRE II.

DE L'ORDRE.

156. — Il existe trois sortes d'ordres : l'ordre consensuel, l'ordre amiable et l'ordre judiciaire. Nous n'avons rien à dire

---

De même un jugement auquel a concouru un avoué, à défaut de juges et d'avocats, doit, à peine de nullité, constater que tous les juges et avocats qui devaient siéger avant l'avoué ont été appelés, et que l'avoué n'a siégé qu'à leur défaut, ainsi qu'à défaut des avoués plus anciens. — Cass., 27 janv. 1841 ; 12 janv. 1842 ; S.-V., 41.1.160 ; 42.1.326).

Les avocats stagiaires ne peuvent être appelés pour compléter un tribunal ; la nullité des jugements auxquels ils ont concouru ne peut couvrir aucun acte d'exécution du fait des parties (C. de Rouen, 16 fév. 1841 ; S.-V., 41.2.264).

Dans ces différents cas, comme dans tous autres où la nullité est d'ordre public, le conservateur doit refuser d'exécuter le jugement, nonobstant le silence des parties.

(1) — Bruxelles, 4 mai 1820 ; Dalloz, v° *Hyp.*, n° 1586, n° 2 ; — Boulanger, n°s 603 à 605 ; *J.C.*, 1051.

(2) — Dijon, 27 déc. 1854 ; *J.C.*, 1086.

du premier : c'est un contrat qui exige, comme tous les contrats, le consentement et la capacité de toutes les parties. Dès l'instant que tous les créanciers inscrits sur un immeuble se sont réglés sur le prix et se sont entendus pour donner mainlevée de leurs inscriptions, le conservateur n'a qu'à obéir, pourvu, bien entendu, que le consentement soit donné dans la forme prescrite, c'est-à-dire par acte authentique (C. civ., art. 2157).

157. — L'ordre amiable, qui a été institué par la loi du 21 mai 1858, est celui qui est réglé *en la présence* de tous les créanciers inscrits sur l'immeuble, et sous l'autorité du juge-commissaire. Aux termes de l'art. 751 (nouveau), C. proc., le juge-commissaire, après avoir convoqué par lettres chargées tous les créanciers, a mission, lorsque tous ces créanciers sont présents et s'entendent sur le règlement amiable, pour dresser procès-verbal de la distribution du prix. Il ordonne la délivrance des bordereaux aux créanciers colloqués et la radiation des inscriptions des créanciers non colloqués. Ces inscriptions sont rayées sur la présentation d'un extrait, délivré par le greffier, de l'ordonnance du juge (1).

Le consentement donné à un ordre amiable rentre dans la classe des actes d'administration, lors même qu'il émane d'un créancier non colloqué ou colloqué seulement pour partie, et contient par là renonciation aux bénéfices de l'in-

(1) L'extrait qui doit être remis au conservateur n'est pas une expédition intégrale du procès-verbal d'ordre, c'est seulement la copie de l'ordonnance qui règle les droits des créanciers et qui ordonne les radiations (Aix, 5 fév. 1862 ; *J.C.*, 1745). Il est délivré sous la responsabilité du greffier. Par conséquent, le conservateur, qui n'a pas sous les yeux la partie du procès-verbal indiquant l'accomplissement des différentes conditions exigées par la loi, ne serait pas responsable si la radiation avait été effectuée à la suite d'un ordre amiable entaché de nullité, si par exemple le juge-commissaire, alors que quelques-uns des créanciers convoqués ne s'étaient pas présentés, avait néanmoins procédé au règlement amiable au lieu de déclarer ouvert l'ordre judiciaire. — Boulanger, n° 614.

scription. Il en résulte que le tuteur est capable pour représenter son pupille à un ordre amiable, et n'a pas besoin de recourir aux formalités de l'art. 467, C. civ., lorsque le mineur n'arrive pas en rang utile ou ne reçoit qu'une partie de sa créance (1).

158. — Lorsque tous les créanciers n'ont pas répondu à la convocation du juge-commissaire, ou que, s'étant présentés, ils n'ont pu s'entendre sur le règlement amiable, le juge-commissaire en dresse acte et déclare l'ordre judiciaire ouvert (C. proc., art. 752).

L'ordre suit alors les différentes phases tracées par le Code de procédure et se termine enfin par une ordonnance de clôture. Cette ordonnance peut être attaquée par la voie de l'opposition (C. proc., art. 769), et, dans ce cas, le jugement qui est rendu sur l'opposition est susceptible seulement d'appel. Lorsque enfin l'ordonnance est passée en force de chose jugée, le greffier doit, dans *les dix jours* qui suivent, en délivrer un extrait, pour être déposé par l'avoué poursuivant au bureau des hypothèques (C. proc., art. 769). Le conser-

---

(1) *Sic*, Boulanger, n° 615. — « Le juge, est-il dit dans une circulaire du mi-« nistre de la justice, du 2 mai 1859, dans l'ordre amiable organisé par l'art 751, « n'est pas seulement chargé de constater l'accord des parties et de donner l'au-« thenticité à leurs conventions. Bien qu'investi d'une mission de conciliation, « il n'en conserve pas moins son caractère propre. C'est le juge seul qui procède « à l'ordre, et il ne donne sa sanction qu'autant qu'il le trouve conforme aux « règles de la justice. Son procès-verbal ne diffère point du règlement qui met « fin à l'ordre judiciaire. » — Cet avis n'est adopté ni par M. Chauveau (commentaire de la loi du 21 mai 1858), ni par M. Pigeau (comment. t. 2, p. 415), ni par M. Duvergier, p. 152, note 3.— M. Mourlon reconnaît que le tuteur peut, sans se conformer à l'art. 467, consentir à un ordre dans lequel le mineur ne reçoit rien de sa créance, mais à la condition que l'incapable sera primé par des créanciers préférables, et il exige en conséquence qu'on justifie au conservateur de l'accomplissement de cette condition. — Comment., n° 293; *J.C.*, 1396, 1537, 1595. — Décidé par le tribunal de Boulogne que, quand le mineur ne reçoit rien de sa créance, le tuteur ne peut consentir à l'ordre sans un avis du seil de famille dûment homologué (*Inst.*, 11 mai 1860; *J.C.* 1612).

vateur, sur la présentation de cet extrait, opère la radiation des inscriptions des créanciers non colloqués (1).

159. — Quant aux créanciers colloqués, l'art. 771, C. proc., dispose qu'en *donnant quittance* du montant de sa collocation, le créancier consent, par là même, la radiation de son inscription. Le conservateur opère donc *d'office* la radiation sur la représentation du bordereau et de la quittance *passée dans la forme authentique* (2).

160. — L'inscription d'office prise contre l'acquéreur est elle-même radiée définitivement sur la justification faite par l'adjudicataire du paiement de la totalité de son prix, soit aux créanciers colloqués, soit à la partie saisie (C. proc., art. 771, n° 2) (3).

---

(1) Il est à remarquer que, dans aucun cas, le conservateur n'a à se préoccuper de savoir si l'ordonnance de clôture est passée en force de chose jugée. C'est le greffier que la loi charge de ce soin, puisqu'elle lui prescrit de délivrer l'extrait qui doit servir aux radiations *dans les dix jours* qui suivent celui où l'ordonnance ne peut plus être attaquée. Le conservateur n'a donc pas à se faire délivrer les certificats prescrits par l'art. 548, C. proc. — Cass., 1er août 1861, Sirey, 62.1.86; *J.C.*, 1754; v° aussi n°s 1450, 1492.

(2) Si une partie seulement de la collocation est payée, le conservateur décharge l'inscription d'autant. — C. proc. art. 771. — Il est évident que la représentation du bordereau serait inutile, si le créancier donnait une mainlevée formelle de son inscription. — Lorsque, après le règlement définitif de l'ordre ouvert pour la distribution d'un prix de vente déposé à la Caisse des consignations, le conservateur est requis de procéder à la radiation des inscriptions des créanciers colloqués, il ne peut, à l'appui de la quittance donnée à la caisse, exiger la représentation des bordereaux de collocation, conformément à l'art. 771 du Code de procédure. Dans l'espèce, cet article ne semble pas applicable, par la raison que tout paiement fait à une caisse publique ne doit avoir lieu que contre la remise des pièces autorisant le paiement et la décharge du comptable, qui doit les conserver pour les joindre à ses comptes. Au reste, les quittances données à la Caisse par les créanciers colloqués relatant toujours la remise du bordereau de collocation, le conservateur est suffisamment renseigné par le dépôt qui lui est fait des expéditions des quittances, pour pouvoir en toute sécurité rayer les inscriptions dont il est fait mainlevée — (*J.C.*, 1539).

(3) La preuve de la libération de l'acquéreur ne pourrait pas être remplacée

161. — Aux termes de l'art. 755, C. proc., les créanciers qui n'ont pas comparu devant le juge de l'ordre dans le délai de quarante jours, à partir de la sommation qui leur a été faite, sont déchus de leurs droits. Néanmoins, le juge-commissaire, qui constate cette déchéance, n'a pas reçu de la loi le droit de prononcer, comme pour les créanciers produisants non utilement colloqués, la radiation de leurs inscriptions. Il en résulte que cette radiation ne peut avoir lieu tant qu'il reste entre les mains de l'acquéreur ou à la Caisse des consignations une portion de deniers à distribuer, ou tant que l'acquéreur ne justifie pas avoir payé intégralement son prix (1).

---

par le consentement de tous les créanciers colloqués. — Boulanger, n° 625 ; *Contrà*, C. d'Angers, 2 fév. 1848 ; D.P. 48.2.195 ; *Conf.*, Nantes, 30 août 1852 ; *J.C.*, 1124.

— Lorsque, par suite d'un ordre ouvert pour la distribution du prix d'un immeuble vendu par lots à divers adjudicataires, il a été délivré sur eux des bordereaux individuels de collocation aux créanciers inscrits, et que parmi les acquéreurs il s'en trouve d'insolvables, le conservateur des hypothèques auquel on justifie du paiement par les autres adjudicataires de leur prix aux créanciers auxquels il a été attribué par le règlement définitif, ne peut refuser de radier l'inscription d'office, sous prétexte qu'il n'est pas établi que tous les adjudicataires ont payé leurs prix aux créanciers colloqués et inscrits sur l'immeuble affecté à la dette de tous les créanciers. En effet, il a été jugé par la Cour d'Aix, le 19 mai 1825, et par la Cour de cassation, le 28 fév. 1827, que l'adjudicataire qui paie son prix *sans distinction de rang* aux créanciers porteurs de bordereaux de collocation obtient sa pleine libération, alors même que, par suite des paiements faits aux créanciers colloqués en dernier lieu, les créanciers antérieurs ne seraient pas payés, ces derniers n'ayant qu'un recours en répétition contre ceux qui ont touché le montant de leur collocation. — *J.C.*, 1448.

(1) Cass., 10 juin 1828 ; S.-V., 28.1.242.

— « En effet, ainsi que le fait remarquer M. Hervieu, ne peut-il pas arriver que, dans le délai fixé pour la production à l'ordre, un créancier, après avoir pris connaissance des productions, se soit abstenu de déposer ses titres dans la pensée que, d'après les productions existantes, il ne venait pas en rang utile ? Mais si, après l'ordonnance de clôture et la délivrance des bordereaux, il acquiert la preuve que le dernier créancier colloqué, qui le primait, avait été désintéressé précédemment par le débiteur commun, évidemment le créancier non produisant pourra former opposition aux mains de l'acquéreur ou à la remise des fonds déposés et demander qu'ils lui soient attribués. Nous ne faisons aucun doute, dans ce cas, que la demande du créancier doit être admise, par la raison que la déchéance n'éteint pas les dettes et ne prive le créancier non produisant que du droit d'élever des contestations sur l'état d'ordre, mais non de s'opposer au paiement d'un bordereau de collocation obtenu à l'aide de manœuvres dolosives. » — *Rés. de jur.*, Hervieu, v° *Radiation*, p. 685, n° 8.

Paris. — Imprimerie L. Baudoin et Ce, 2, rue Christine.

Paris. — Imprimerie L. BAUDOIN et Cie, 2, rue Christine.

www.ingramcontent.com/pod-product-compliance
Ingram Content Group UK Ltd.
Pitfield, Milton Keynes, MK11 3LW, UK
UKHW021551260726
13993UKWH00002B/772